Katja Behling-Fischer

ZU TISCH BEI SIGMUND FREUD

Katja Behling-Fischer

Zu Tisch bei
SIGMUND FREUD

Lebensweise, Gastlichkeit und Essgewohnheiten des Gründers der Psychoanalyse

Mit vielen Rezepten

Farbfotografien von Gerhard Trumler

VERLAG CHRISTIAN BRANDSTÄTTER

Literaturnachweis:

Zitate aus den Werken Sigmund Freuds (Studienausgabe, 3. Auflage, Frankfurt/Main 1975):
© S. Fischer Verlag, Frankfurt/Main
Zitate aus den Briefen Sigmund Freuds: © By permission of A. W. Freud et al/Mark Paterson & Associates, Colchester
Zitat von E. L. Doctorow aus „Ragtime", © 2000 Verlag Kiepenheuer & Witsch, Köln
Zitat von Irving D. Yalom aus „Und Nietzsche weinte", © Ernst Kabel Verlag GmbH, München 1994

Bildnachweis:

Archiv Katja Behling-Fischer, Hamburg: S. 32, 34, 40, 45
Archiv Detlef Berthelsen, London: S. 10, 16 o. und u., 57 o. und u., 58 o. und u., 104 u., 115, 118, 119
Archiv Verlag Christian Brandstätter, Wien: S. 73, 80 Mitte l., Mitte r., 81 l., r., 97, 104 o., 110
Edmund Engelman: S. 50, 52/53, 53, 114 o.
Sigmund Freud Museum, London: S. 6, 89, 95, 106, 122
Sigmund Freud Museum, Wien: S. 22, 24, 30, 35, 39, 41, 47, 48, 52 (Foto: S. Schramm),
55 (Foto: L. Grillich), 59, 71, 78, 80 l., 85, 90, 91, 98, 100, 103, 105, 114 u.
Österreichische Nationalbibliothek, Wien: S. 35, 41
Sigmund Freud Copyrights, Wivenhoe, Colchester: S. 6, 22, 24, 30, 35, 39, 47, 48, 59, 71, 78,
80, 85 (Estate of Anna Freud), 89, 90, 91, 98, 100, 103, 104 o. und u., 105, 106, 110, 118.
Prof. Gerhard Trumler, Wien: S. 8, 12/13, 14, 18/19, 28/29, 36/37, 42/43, 56,
62/63, 66, 69, 76/77, 82/83, 86/87, 92/93, 108/109, 116/117, 120/121

Die Deutsche Bibliothek – CIP-Einheitsaufnahme
Ein Titelsatz für diese Publikation ist bei
Der Deutschen Bibliothek erhältlich.

1. Auflage 2000

Die graphische Gestaltung sowie der Entwurf des Schutzumschlags (unter Verwendung
zweier Fotografien von Edmund Engelman und Gerhard Trumler) stammen von Peter Manfredini,
die technische Herstellung oblag Josef Embacher, das Lektorat Brigitte Hilzensauer.
Die Gesamtherstellung erfolgte bei Druckerei Theiss GmbH, Wolfsberg.
Die Fotografien wurden in den Räumlichkeiten des Sigmund Freud Museums, Wien,
des Hotel Imperial, des Hotel Bristol und des Café Landtmann, Wien, aufgenommen.
Verlag und Autorin danken den folgenden Personen herzlich für ihre Unterstützung
beim Zustandekommen dieses Werkes: Frau Mag. Inge Scholz-Strasser, Sigmund Freud Museum, Wien;
Herrn Direktor Michael Hatzfeld, Herrn Stefan Hierzer, Herrn Silvester Huber, Hotel Imperial, Wien;
Frau Mag. Petra Engl-Wurzer, Hotel Bristol, Wien; Frau Susanne Spineth, Café Landtmann, Wien.

ISBN 3-85498-040-X

Christian Brandstätter
Verlagsgesellschaft m.b.H.
A-1010 Wien, Schwarzenbergstraße 5
Telephon (+43-1) 512 15 43-233
Telefax (+43-1) 512 15 43-231
E-Mail cbv@oebv.co.at

INHALT

Sigmund Freud, aufgenommen während eines Besuchs
der Clark University, Worcester, Massachusetts. 1909.

DER PRIVATMANN FREUD UND SEIN WERK

„Jeder von uns Menschen des zwanzigsten Jahrhunderts wäre anders ohne ihn in seinem Denken und Verstehen, jeder von uns dächte, urteilte, fühlte enger, unfreier, ungerechter ohne sein uns Vorausdenken, ohne jenen mächtigen Antrieb nach innen, den er uns gegeben. Und wo immer wir versuchen werden, in das Labyrinth des menschlichen Herzens vorzudringen, wird sein geistiges Licht weiterhin auf unserem Wege sein."

AUS DER TRAUERREDE ZUM BEGRÄBNIS
SIGMUND FREUDS AM 26. SEPTEMBER 1939

An der Schwelle zu einem neuen Jahrtausend blicken wir auf ein von der Psychoanalyse Sigmund Freuds geprägtes Jahrhundert zurück. Nichts hat den Blick auf unser Sein annähernd so sehr verändert wie seine um 1900 begründete Lehre. Schlüssel zur Natur des Menschen für die einen, Scharlatanerie für die anderen – die epochale Bedeutung der Psychoanalyse für das Selbstverständnis und die (westliche) Kultur der Moderne ist unbestritten. Auch heute, mehr als sechzig Jahre nach Freuds Tod und im Zeitalter molekularer Neurowissenschaft, hat die psychoanalytische Erforschung der Seele nichts von ihrer Faszination verloren: Millionen Menschen sind weiter auf der Suche nach sich selbst.

Die Psychoanalyse veränderte und erweiterte vor allem die therapeutischen Möglichkeiten in der Psychiatrie und anderen medizinischen Disziplinen. Darüber hinaus durchdringt sie heutzutage alle Lebensbereiche und ist zu einem Instrument der Kultur- und Gesellschaftsdiagnose geworden. In den Human- und Geisteswissenschaften, der Kunst und Literatur, der Pädagogik und der Rechtsprechung schlägt sich der Einfluß psychoanalytischen Verständnisses nieder. Auch in unserem Alltag, in den Medien, unserer Umgangssprache und unseren Beziehungen zueinander bedienen wir uns ganz selbstverständlich, wenngleich oft unbewußt, Freudscher Denkmodelle und Begriffe (vgl. Weber 1997).

Die psychoanalytische Redekur entstand unter dem maßgeblichen Einfluß vieler prägender Figuren: Mentoren, Lehrer und Kollegen Freuds wie Charcot, Breuer und Fließ. Als ihr Schöpfer gilt dennoch Sigmund Freud, denn er war es, der Ideen zu einem Ganzen zusammenfügte, Methode und Technik entwickelte und seine revolutionären Theorien auch unbeirrt gegen die ihm seitens des ärztlichen Establishments entgegenschlagende Ablehnung verteidigte.

Die Entwicklung der Psychoanalyse begann im Zuge der Behandlung von Patientinnen mit Hysterie. Letztere war eine damals besonders bei Frauen häufig – heute international kaum noch (Halberstadt-Freud 1996) – diagnostizierte Krankheit. Sie wurde unter anderem, auch von Freud, durch Hypnose behandelt. Bahnbrechend war die Erkenntnis, daß es für die Patientinnen und ihre Besserung sehr hilfreich war, wenn man ihnen zuhörte, während sie über die Symptome und ihre allgemeine körperliche und seelische Befindlichkeit frei sprechen konnten. Freud begann seine Vorgehensweise zu verfeinern und seine Befunde theoretisch zu untermauern, auch unter Einbeziehung eigener Erfahrungen. Er ging davon aus, daß die Beobachtungen, die er an seinen Kranken machte, auch Rückschlüsse auf die Nichtkranken zuließen, und formulierte allgemeine Gesetzmäßigkeiten der seelischen Entwicklung des Menschen. Eines seiner Ergebnisse lautete, neurotische Störungen seien in hohem Maße durch sexuelle

Faktoren bedingt. Nicht nur diese Diagnose machte Freud, wie sein Biograph Peter Gay formulierte, zu einem „Bourgeois, der Bomben in seinem Wohnzimmer" legte und den Schlaf der Menschheit störte (Gay 1998).

Grundstein der psychoanalytischen Lehre ist – nach den Studien über Hysterie – Freuds vor hundert Jahren publiziertes Buch *Die Traumdeutung*. Diese Publikation enthält die Theorie des Unbewußten und versteht Träume erstmals als eine Wunscherfüllung. Sie erklärt, wie die Psyche reale äußere (soziale) Eindrücke und Erlebnisse sowie körperliche und biologische Einflüsse auflösen kann und sie als persönliche psychologische Wahrheit neu formuliert und verarbeitet. *Die Traumdeutung* enthält und verwendet, wie viele Freudsche Werke, reichlich autobiographisches Material. Freud – hier einem Schöngeist näher als einem Naturwissenschaftler – leitete viele Thesen aus seiner eigenen Gefühls- und Erfahrungswelt, seinem intimsten Erleben ab. Er führte eigene Träume und solche seiner Kinder an, erläuterte und deutete sie.

Trotz – oder gerade infolge – der Freimütigkeit, mit der er auf diese Weise und wiederholt sein persönliches Leben in seinen Schriften offenbarte, wollte Freud nur in bezug auf sein Werk ergründet werden. Dafür hat er beizeiten selbst gesorgt: Er vernichtete etwa viele Aufzeichnungen und war bestrebt, sein Privatleben weitgehend unter Verschluß zu halten. Es gelang bis über seinen Tod hinaus, eine Aura des Unnahbaren um ihn zu erhalten, in der das verdichtete Bild vom „mythischen" Freud (Steiner 2000) gedieh. Noch immer liegt unveröffentlichtes – gesperrtes – Material unzugänglich in den Archiven. Nicht zuletzt dieser Umstand förderte die Legendenbildung um die Person Freud, führte zu erbitterten Auseinandersetzungen zwischen Freud-Anhängern und -Geg-

nern (vgl. Malcolm 1997) und brachte im Laufe der Jahre viele (entkräftete) Gerüchte in Umlauf: Hatte er ein Verhältnis mit seiner Schwägerin Minna? Wie war die Beziehung zwischen dem kleinen Sigmund und seiner schönen jungen Mutter? Solche und ähnliche Fragen beschäftigen auch heute noch seine Biographen.

Die so geheimnisumwobene private Seite des Sigmund Freud ist nicht nur inhaltlich und thematisch mit seinen Theorien verflochten, das Private war auch räumlich und organisatorisch eng mit seinem Schaffen verbunden, befanden sich doch im Wiener Haus Berggasse 19, in dem er jahrzehntelang mit seiner Familie lebte, neben den privaten auch die beruflich genutzten Räume. Seine Praxistätigkeit blieb auf diese Weise nicht unbeeinflußt vom alltäglichen familiären Geschehen. Die Belange der Kinder und vor allem die Regelmäßigkeit der Mahlzeiten im Kreis der Familie strukturierten seinen langen Arbeitstag zwischen Analysesitzungen und wissenschaftlicher Tätigkeit. Diese familiären Zusammenkünfte waren Freud stets sehr wichtig. Er versäumte selten ein gemeinsames Essen und erwartete ein entsprechendes Verhalten auch von den anderen Familienmitgliedern.

Auch über die Familienrituale hinaus war sein privates und gesellschaftliches Leben von wiederkehrenden Ereignissen und liebgewonnenen Gewohnheiten gekennzeichnet. Beispielsweise spielte Freud mit Freunden regelmäßig Tarock und pflegte jeden Sonntag seine Mutter zu besuchen. Freundschaften entwickelten sich zu Menschen aus seinem beruflichen Kontext, mit denen er intensiv korrespondierte. Beziehungen zu Analysanden und Schülern waren oft sehr persönlich.

In den Jahren des Ruhms gingen neben den zahlreichen Mitgliedern seiner wachsenden internationalen Familie Freunde, Kollegen, Patienten,

Besucher und Bewunderer aus aller Welt im Hause Freud ein und aus. Der wenig mondäne Freud bewegte sich auf diese Weise in einer illustren Gesellschaft: Er empfing und bewirtete berühmte Personen der Zeitgeschichte, darunter Königin Elisabeth von Belgien, Prinzessin Marie Bonaparte, Thomas Mann und Salvador Dalí, er tauschte sich mit Albert Einstein aus und analysierte Gustav Mahler.

Der außergewöhnlich enge Zusammenhang zwischen Freuds Persönlichkeit und seinem Werk lenkt ein besonderes Interesse auf seinen Lebensstil – Alltag, Familienleben, Kultur und Gewohnheiten. Im folgenden wird ein Blick auf das private Leben der Freuds geworfen, das sich mit bemerkenswerter Beständigkeit zwischen Arbeit und Familie abspielte. Was die Darstellung nicht leisten kann und will, ist es, sich auf die eine oder andere Weise mit Freud in Hinblick auf sein meisterliches psychoanalytisches Lebenswerk zu befassen. Es wird kein Bild der Entwicklung der Psychoanalyse umrissen und keine biographische Abhandlung dargelegt. Vielmehr soll es gelingen, einen vielleicht hier und da überraschenden, manchmal bedrückenden und bisweilen amüsanten Einblick

Handgeschriebenes Rezept von Martha Freud.

in die sympathisch „gewöhnliche" und gleichzeitig so weltmännische Lebensweise des Gründers der Psychoanalyse zu vermitteln.

Den Schwerpunkt dabei bildet die Beschreibung des alltäglichen Arbeits- und Privatlebens Freuds im Kreise der Familie, ihre Gepflogenheiten, Eßgewohnheiten und Speisen sowie ihre Geselligkeit und Gastlichkeit. Dazu wird auf Schriften von Freud und auf solche über Freud zurückgegriffen: seine Werke, Briefe sowie Biographien und Berichte von Menschen, die ihn persönlich kannten. Solche zwangsläufig oft subjektiven Schilderungen bergen die Gefahr von Fehlern in sich. Dies gilt um so mehr, als etwa mit dem von Berthelsen (1987) geschriebenen Buch eine unter Fachleuten äußerst umstrittene Veröffentlichung (vgl. W. Ernest Freud 1988) berücksichtigt wurde. Jedoch bezogen sich die Einwände nicht auf die für diesen Text maßgeblichen (kulinarischen) Aussagen. Auch Widersprüche und Ungereimtheiten warf das Material unweigerlich auf: War Martha Freud nun eine pedantische Hausfrau oder nicht? Wie nahe waren sich die Eheleute in den späteren Jahren wirklich? Die Weggefährten der Freuds kamen mitunter zu unterschiedlichen Einschätzungen.

Den Schwerpunkt der Ausführungen bildet die Beschreibung des alltäglichen Arbeits- und Privatlebens Freuds im Kreise der Familie, deren Gepflogenheiten, Eßgewohnheiten und Speisen sowie ihre Geselligkeit und Gastlichkeit. Zitiert werden Passagen aus dem umfangreichen Werk Freuds, die in mehr oder weniger engem Zusammenhang mit Speisen, Essen und Trinken stehen. Im verwendeten Material finden mehr als fünfzig verschiedene Speisen und Getränke Erwähnung. Dabei ist die getroffene Auswahl aus verschiedenen Gründen nicht als vollständig anzusehen. So wurden sehr lange oder nur in einem komplexen Zusammenhang zu verstehende Textauszüge meist vernachlässigt. Des weiteren wurde auf die Wiedergabe von Witzen, die zwar Speisen erwähnen, jedoch als entwürdigend erlebt werden könnten, verzichtet. Ebenso wurden wenig ergiebige Textstellen, die sich lediglich für Redewendungen kulinarischen Vokabulars bedienen, nicht übernommen. Ausgelassen wurden auch viele Passagen, in denen Freud fremdzitiert oder nur im weitesten Sinne über „Nahrung" schreibt, wie etwa in *Totem und Tabu* im Zusammenhang mit Opfergaben und Stammesriten oder in bezug auf die Symbolik der Äpfel im Opernlibretto der *Schönen Helena* von Jacques Offenbach. Vermieden werden sollten nicht zuletzt auch Wiederholungen. Dabei führt Freud in seinen Schriften nicht nur den kleinen Jungen, der ihm, Freud, zum Geburtstag einen Korb schöner Kirschen überreichen sollte, ohne selbst davon kosten zu dürfen, und hernach träumte, selbst alle gegessen zu haben, mehrfach bildhaft an. Eine vergleichbare (diesmal Beerenobst erwähnende)

Episode aus der Kinderzeit seiner Tochter Anna benutzte Freud ebenfalls mehr als einmal zur Verdeutlichung seiner Ausführungen.

Die Beschreibung der Lebensweise Sigmund Freuds und die zitierten Passagen aus seinem Werk werden durch eine Reihe von Rezepten ergänzt. Einige der vorgestellten Gerichte basieren auf (handschriftlich überlieferten) Rezepten und Auszügen aus dem Kochbuch der „Frau Professor" Martha Freud, von der Haushälterin bzw. von Freunden des Hauses. Stand ein Originalrezept nicht zur Verfügung oder sollte eine Textpassage in Szene gesetzt werden, wurde die Zubereitung des jeweiligen Gerichts, etwa des Hochzeits- oder Weihnachtsmenüs, nachempfunden. Dabei wurden verschiedene Anregungen aufgegriffen: überlieferte Kochanweisungen, Hinweise professioneller Köche, eigene Erfahrung – und Phantasie. Die Rezepte sind für die heutige Küche gut umzusetzen und die Gerichte überwiegend schlicht, letzteres dem eigenen Wunsch Freuds ebenso wie wirtschaftlichen Zwängen und der Not gehorchend: Die Familie schätzte eine gutbürgerliche Küche, mußte sich aber zeitweise materiell einschränken und erlebte Mangelsituationen in Kriegszeiten.

Angerichtet und fotografiert wurde in der Atmosphäre der Wiener Kaffeehauskultur und Grandhotellerie. Das vorliegende Buch kann, trotz aller Bemühungen um eine möglichst wirklichkeitsgetreue Darstellung, keinen Anspruch auf Vollständigkeit und Authentizität erheben. Der Einblick in die private Seite Sigmund Freuds bleibt demnach ein partieller; nicht alles wird so gewesen sein – aber alles hätte so sein können.

Vanilleparfait

4 sehr frische Eigelb
75 g Zucker
½ l Milch
Vanilleschote
¼ l Schlagobers (geschlagene Sahne)

Eigelb mit Zucker schaumig rühren. Die Milch mit der
aufgeschlitzten Vanilleschote aufkochen und unter
kräftigem Schlagen mit dem Schneebesen in die Eicreme
einlaufen lassen. Die Masse bis zum Erkalten weiter-
schlagen. Geschlagenes Obers (Schlagsahne) untermischen
und alles im Gefrierfach fest werden lassen. Dabei
mehrmals umrühren. Mit frischem Obst oder heißem
Kompott servieren. Das Kompott nach Belieben mit Zimt
und Nelkenpulver aromatisieren.

Den Vanillegeschmack liebte Freud besonders,
und selbstgemachtes Vanilleeis war sein Lieblingsdessert.

„Symbol: Ich fahre mit einem langen Messer unter eine Torte, wie um ein Stück davon zu nehmen. Deutung: Meine Bewegung mit dem Messer bedeutet das ‚Durcharbeiten', von dem ein die Rede ist ... Die Erklärung des Symbolgrundes ist die folgende: Es fällt mir bei Tisch hie und da das Zerschneiden und Vorlegen einer Torte zu, ein Geschäft, welches ich mit einem langen, biegsamen Messer verrichte, was einige Sorgfalt erheischt. Insbesondere ist das reinliche Herausheben der geschnittenen Tortenteile mit gewissen Schwierigkeiten verbunden; das Messer muß behutsam unter die betreffenden Stücke geschoben werden (das langsame ‚Durcharbeiten', um zu den Gründen zu gelangen). Es liegt aber noch mehr Symbolik in dem Bild. Die Torte des Symbols war nämlich eine Dobos-Torte, also eine Torte, bei welcher das schneidende Messer durch verschiedene Schichten zu dringen hat (die Schichten des Bewußtseins und Denkens)."

(aus: Die Traumdeutung, Die Traumarbeit)

SPEISEN UND MAHLZEITEN IM HAUSE FREUD

Die Kochtraditionen und Eßgewohnheiten der Familie Freud unterlagen vielschichtigen und multinationalen Einflüssen. Obwohl die Freuds den größten Teil ihres Lebens in Österreich verbrachten, hatte vor allem Sigmund Freud auch eine starke Affinität zu fremden Kulturkreisen. Er reiste durch verschiedene Länder und pflegte internationale Kontakte. Die Gepflogenheiten und Speisen im Hause Freud waren deutsch-jüdischen, österreichisch-ungarischen, tschechischen, später auch weiteren internationalen und gesellschaftlichen Einflüssen unterworfen. Die wichtigsten Impulse für die Eßgewohnheiten in der Berggasse aber hatten ihren Ursprung in den Elternhäusern von Sigmund und Martha Freud.

Sigmund Freud verlebte seine Kindheit im tschechischen Mähren und in Wien. Er stammte, wie seine Frau, aus einer jüdischen Familie mit deutschem Kulturhintergrund. Seine Frau Martha, eine Hamburgerin, war als Dame des Hauses für die Führung von Küche, Haushalt und Personal verantwortlich. Zu ihrem Leidwesen konnte sie ihren Mann jedoch nicht überzeugen, ein orthodoxes Haus zu führen, im Gegenteil: die jüdischen Speisegesetze waren schon kurz nach dem Kennenlernen ein Zankapfel zwischen Sigmund Freud und seiner zukünftigen Frau.

JÜDISCHE KÜCHE

„Als Gott die ersten Menschen geschaffen hatte und sie in den Garten Eden setzte, war nicht das erste Gebot, das er ihnen gab, ein Speisegebot? Von diesem Baum dürft ihr essen und von dem einen nicht. Warum war's nicht ein moralisches Gebot? Und wenn Gott als erstes Gebot ein Speisegebot gab, kann es eine gleichgültige Sache sein, wie man ißt?"

(JUDE IM GESPRÄCH MIT FREUD.
FREUD – MARTHA BERNAYS, 23. 7. 1882)

Martha Freud war die Enkelin eines bedeutenden Rabbiners und wuchs in einem orthodoxen jüdischen Elternhaus mit ebensolchen Kochgewohnheiten auf. Eine „jüdische Küche" gibt es dabei strenggenommen gar nicht, denn nach ihrer Vertreibung aus Palästina siedelten die Juden sich in den verschiedensten Teilen der Welt an, wobei sie die jeweilige Kochtradition des Landes übernahmen und heimische Zutaten verwendeten. Die „jüdische" Küche stellt also im Grunde einen Querschnitt durch Eßgewohnheiten unterschiedlichster Kulturen dar – mit einer Eigenart: Obwohl sie sich

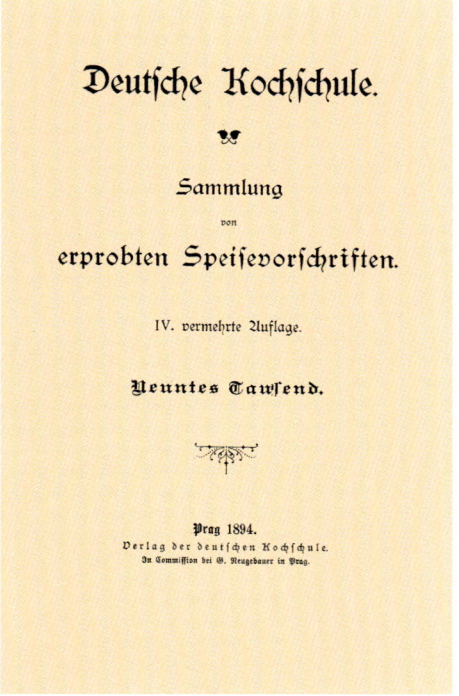

Dieses Kochbuch schenkte Sigmund Freud seiner jungen Frau; es war bis zum Tod Anna Freuds 1982 in der Familie in Gebrauch.

regionalen Kochgewohnheiten anpaßten, hielten die Juden an ihren Festtagsritualen und den Speisevorschriften fest. Diese Mischung machte die jüdische Küche zu einer der interessantesten der Welt. Österreichische und deutsche Juden sind zudem berühmt für ihre Süßspeisen und Backwaren. Strudel, Bagels und Challah-Brot etwa gelten als typisch auch für die amerikanischen Juden, weil deren europäische Vorfahren, die gegen Ende des 19. Jahrhunderts nach Amerika ausgewandert waren, dort oft Bäckereien eröffneten.

Die jüdischen Speisevorschriften (Kaschrut) für eine reine und richtige (koschere)

Ernährung unterscheiden die jüdische Küche von jeder anderen Kochtradition. Die Regeln des Kaschrut sind in der Bibel und im Talmud schriftlich festgelegt. Aus ihnen wurde abgeleitet, wie Speisen ausgewählt, kombiniert und zubereitet werden müssen und wie sie an den jeweiligen Feiertagen serviert werden sollen.

Gegessen werden darf nur Fleisch von koscheren Tieren. Das sind Vierfüßler, die ihre Nahrung wiederkäuen und gespaltene Hufe haben: Rind-, Kalb- Reh-, Lamm- und Ziegenfleisch sind somit koscher, Schweinefleisch nicht. Auch das Fleisch von Pferden, Kamelen, Kaninchen oder Hasen gilt als nicht koscher. Geflügel ist koscher, aber Raubvögel, frisch geschossene Fasane und anderes Wildgeflügel sowie Aasfresser sind es nicht. Das jeweilige Tier muß von einem ausgebildeten Schlachter (Shohet) auf vorgeschriebene Weise geschlachtet werden. Bestimmte Teile eines Tieres sind nicht koscher und werden daher von religiösen Juden nicht verzehrt. Nur die Vorderviertel eines koscheren Vierfüßlers dürfen gegessen werden. Auch sind umfangreiche Vorarbeiten erforderlich. Fleisch wird vor der Zubereitung in kaltem Wasser eingeweicht, abgespült, mit grobem Salz (Koschersalz) eingerieben und erneut gespült, um sämtliche Blutreste zu entfernen. Bei Fischen gelten solche mit Schuppen und Flossen als koscher, Schalentiere, Krebse, Aale und Fische ohne echte Schuppen wie Wels, Hai, Steinbutt, Stör – und Kaviar! – als nicht koscher.

Es ist zudem verboten, Milch oder Milchprodukte und Fleisch gleichzeitig zu sich zu nehmen. Nach einer Fleischmahlzeit wird bis zu sechs Sunden gewartet, ehe Milchhaltiges verzehrt wird. Traditionell sind getrenntes Geschirr, Töpfe, Pfannen und Bestecke für Fleisch- und Milchgerichte erforderlich, da ihren porösen Materialien Fleisch- bzw. Milchreste anhaften könnten. Auch bei der Lagerung, etwa im Kühlschrank, dürfen Fleisch und Milch nicht zusammenkommen. Speisen, die weder Fleisch noch Geflügel oder Milchprodukte sind, gelten als neutral oder *pareve*. Neutrale Nahrungsmittel wie beispielsweise Pflanzenteile, Obst, Gemüse, Fisch, Öl oder Eier dürfen mit Fleisch bzw. Milch verzehrt werden. An Festtagen gelten besondere Regeln. Zum Pessachfest etwa werden Produkte aus Kartoffel- und Matzenmehl gegessen. Verboten sind dann Nahrungsmittel, die mit Hefe, Sauerteig oder anderen Säuerungsmitteln hergestellt werden, wie etwa Brot und Bier. Alkoholgenuß ist nicht grundsätzlich untersagt. Obst- und Kornschnäpse sind erlaubt, und Wein ist Teil des Rituals am Sabbat und an anderen Feiertagen (Wolf-Cohen 1995).

Diese Regeln und die religiösen Feste waren Freuds Gattin Martha Bernays von Kindheit an vertraut, sie zelebrierte sie jedoch nach ihrer Hochzeit fünfzig Jahre lang nicht, sondern erst wieder nach dem Tod ihres Mannes.

BÖHMISCHE UND ÖSTERREICHISCHE KÜCHE

„Nachdem ich gereist bin, müde und hungrig das Bett aufgesucht habe, melden sich im Schlafe die großen Bedürfnisse des Lebens und ich träume: Ich gehe in eine Küche, um mir Mehlspeise geben zu lassen. Dort stehen drei Frauen, von denen eine die Wirtin ist und etwas in der Hand dreht, als ob sie Knödel machen würde. Sie antwortet, daß ich warten soll, bis sie fertig ist (nicht deutlich als Rede). Ich werde ungeduldig und gehe beleidigt weg.“

(AUS: DIE TRAUMDEUTUNG,
DAS TRAUMMATERIAL UND DIE TRAUMQUELLEN)

In Sigmund Freuds Herkunftsfamilie wurde, anders als bei den Bernays, nicht jüdisch-orthodox gekocht. Von seiner Mutter war Sigmund Freud mit Gerichten der Küche Österreichs, aus Böhmen und Mähren verwöhnt worden. Später lernte auch seine Frau Martha solche Köstlichkeiten zuzubereiten. Und es war vielleicht kein Zufall, daß eine der Köchinnen in der Berggasse eine Tschechin war. (Aber Freud konnte nicht sie gemeint haben, als er als Sechzehnjähriger seinem Freund von einer „böhmischen Köchin mit dem vollkommensten Mopsgesicht, das ich je gesehen habe“; Freud – Emil Fluß, 18. 9. 1872, erzählte...)

Zwei Dinge zeichnen die böhmische Küche besonders aus: opulente Portionen und Knödel. „Der Knödel“ (Servietten-, Semmelknödel) wird mit Zwirnsfaden in Scheiben geschnitten; in Fett ausgebackene Knödelscheiben werden mit brauner Butter und Früchten serviert. „Die Knödel“ kommen ganz auf den Tisch: Topfen- (Quark-)knödel, süße und salzige Kartoffel- und Germ (Hefe-)knödel. Sie sind unverzichtbar, um feinen Bratensaft aufzunehmen, der in der böhmischen Küche meist nicht angedickt wird. Beim Dessert beenden

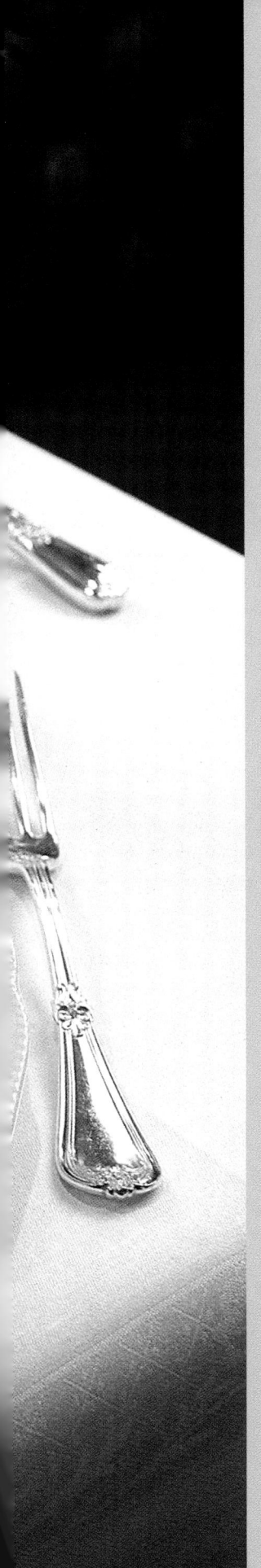

Zwetschkenknödel

1 kg mehlig kochende Kartoffeln
1 Ei
100 g Grieß
200 g Mehl
1 Teelöffel Salz
¼ Teelöffel Muskatnuß, frisch gerieben
12 große Zwetschken, Marillen (Aprikosen) oder
Powidl (Zwetschkenmus)
12 Würfelzucker
150 g Haselnüsse, gemahlen
75 g Butter
Staubzucker (Puderzucker)

Am Vortag die ungeschälten Kartoffeln kochen und schälen. Am nächsten Tag die Kartoffeln durch eine Presse drücken, mit Ei, Grieß, Mehl, Salz und Muskat zu einem Teig verkneten. Im Kühlschrank eine Stunde ruhen lassen. Währenddessen Zwetschken (oder Marillen/Aprikosen) waschen, einschneiden, ohne sie zu halbieren, den Stein entfernen und durch ein Stück Würfelzucker ersetzen. In einem großen Topf Wasser zum Kochen bringen. Jeweils ein kleines Stück Teig in der nassen Handfläche flach drücken, eine Zwetschke (wahlweise auch eine Marille/Aprikose oder etwas Powidl/Zwetschkenmus) daraufsetzen und mit dem Teig umhüllen. In leicht köchelndem Wasser 10 Minuten ziehen lassen. Die Haselnüsse in einer Pfanne unter ständigem Rühren rösten, herausnehmen. In der noch warmen Pfanne die Butter schmelzen. Knödel aus dem Topf heben, abtropfen lassen, in den Haselnüssen wenden, auf Tellern anrichten, mit etwas zerlassener Butter beträufeln und mit Staubzucker (Puderzucker) bestäuben.

An die böhmisch-österreichischen Spezialitäten mußte sich die Hanseatin Martha Freud erst gewöhnen, doch dann wurden im Hause Freud auch die vielen typischen Knödelgerichte aufgetischt.

Knödel ein böhmisches Essen mit einem süßen Paukenschlag. Der bekannteste Knödel ist der Zwetschkenknödel, gefüllt entweder mit einer ganzen Zwetschke oder mit Powidl, dem schwarzen Zwetschken-(Pflaumen-)mus.

Den größten Teil ihres Lebens verbrachten Sigmund und Martha Freud in Österreich. Hier lebten und arbeiteten sie, hier wuchsen ihre Kinder auf. Und hier locken Köstlichkeiten wie Guglhupf, Nockerl, Apfelstrudel, Backhendl, Mehlspeisen, Palatschinken und Kaiserschmarren, Sachertorte und andere üppige Leckereien. Viele dieser Spezialitäten waren unverzichtbare Bestandteile des Küchenzettels im Hause Freud. Dank eines besonderen Interesses Martha Freuds wurden auch Gerichte, die die kaiserliche Gesellschaft am Wiener Hof (vgl. Barta-Fliedl et al. 1998) zu speisen pflegte, im Freudschen Haushalt serviert (Berthelsen 1987).

NORDDEUTSCHE UND HAMBURGISCHE KÜCHE

Emmeline Bernays, die Mutter Martha Freuds, war eine gebürtige Hamburgerin und in ihrer Heimat sehr verwurzelt. Martha erinnerte sich zeitlebens daran, wie die Tränen ihrer Mutter auf dem heißen Kochherd zischten, als die Familie 1869 Hamburg verlassen mußte, um nach Wien zu ziehen (Jones 1960), und Emmeline ruhte nicht eher, bis sie mit ihren Töchtern Jahre später wieder nach Hamburg zurückkehren konnte. So ist es nicht verwunderlich, daß Martha eine „typische Hanseatin" mit entsprechenden kulinarischen Vorlieben war und allzu Exotisches ablehnte. Auch das Hochzeitsessen der Freuds – sie heirateten in Wandsbek bei Hamburg – war norddeutsch. Dieser regionale Einfluß prägte den Freudschen Haushalt in erheblichem Maße.

Die norddeutsche Küche zeichnet sich durch deftige Vielfalt und vorzügliche, aber eher schlichte Zubereitung der Speisen aus. Viele Spezialitäten dieser küstennahen Region sind berühmt, und zwar nicht nur Fischgerichte. Im Alten Land bei Hamburg wird traditionell Obst angebaut, in den benachbarten Vierlanden Geflügel gezüchtet: So ist in und um Hamburg Ente oder Gans mit Apfelfüllung beliebt und berühmt geworden.

INTERNATIONALE KÜCHE

Mit den Jahren und zunehmender Berühmtheit Freuds wurde der Kreis um ihn immer mehr international. Seine Familie war weitverzweigt; Patienten, Anhänger und Bewunderer kamen von weit her, um ihn aufzusuchen. Freud war kulturell sehr interessiert und hochgebildet, in Kunst, Literatur und Archäologie bewandert, er sammelte griechische und römische Antiquitäten, beherrschte mehrere Sprachen und reiste ins europäische Ausland. Diese kulturelle Aufgeschlossenheit zeigte sich auch in seinen kulinarischen Vorlieben. Zwar bevorzugte er die gediegene „gutbürgerliche" Küche ohne allzu viele Experimente, aber er war auch Gourmet und schätzte internationale Spezialitäten wie russischen Kaviar, und zwar den von Kennern bevorzugten Ossiotr, der einen besonders fein-nussigen Geschmack hat. Der Köchin in der Berggasse überreichte er als Weihnachtsgeschenk das Kochbuch *Après souper* mit der Absicht, auf diese Weise den Küchenzettel des Hauses um einige internationale Gaumenfreuden zu bereichern (Berthelsen 1987). Für Abwechslung sorgten immer wieder auch Freunde aus dem Ausland, die Freud nicht nur edle Zigarren, sondern auch Delikatessen oder Wein mitbrachten.

„‚Sie sagen immer, der Traum ist ein erfüllter Wunsch‘, beginnt eine witzige Patientin. ‚Nun will ich Ihnen einen Traum erzählen, dessen Inhalt ganz im Gegenteil dahin geht, daß mir ein Wunsch nicht erfüllt wird. Wie vereinen Sie das mit Ihrer Theorie? Der Traum lautet wie folgt: Ich will ein Souper geben, habe aber nichts vorrätig als etwas geräucherten Lachs. Ich denke daran, einkaufen zu gehen, erinnere mich aber, daß es Sonntagnachmittag ist, wo alle Läden gesperrt sind. Ich will nun einigen Lieferanten telephonieren, aber das Telephon ist gestört. So muß ich auf den Wunsch, ein Souper zu geben, verzichten.‘

Ich antwortete natürlich, daß über den Sinn dieses Traumes nur die Analyse entscheiden kann, wenngleich ich zugebe, daß er für den ersten Anblick vernünftig und zusammenhängend erscheint und dem Gegenteil einer Wunscherfüllung ähnlich sieht. ‚Aus welchem Material ist aber dieser Traum hervorgegangen? Sie wissen, daß die Anregung zu einem Traum jedesmal in den Erlebnissen des letzten Tages liegt.‘

Analyse: Der Mann der Patientin, ein biederer und tüchtiger Großfleischhauer, hat ihr tags vorher erklärt, er werde zu dick und wolle darum eine Entfettungskur beginnen. Er werde früh aufstehen, Bewegung machen, strenge Diät halten und vor allem keine Einladungen zu Soupers mehr annehmen. [...] Sie sei jetzt sehr verliebt in ihren Mann und necke sich mit ihm herum. Sie hat ihn auch gebeten, ihr keinen Kaviar zu schenken. — Was soll das heißen?

Sie wünscht es sich nämlich schon lange, jeden Vormittag eine Kaviarsemmel essen zu können, gönnt sich aber die Ausgabe nicht. Natürlich bekäme sie den Kaviar sofort von ihrem Mann, wenn sie ihn darum bitten würde. Aber sie hat ihn im Gegenteil gebeten, ihr keinen Kaviar zu schenken, damit sie ihn länger damit necken kann.

(Diese Begründung erscheint mir fadenscheinig. Hinter solchen unbefriedigenden Auskünften pflegen sich uneingestandene Motive zu verbergen. [...] So ähnlich wird es wohl mit dem Kaviar meiner Patientin sein. Ich merke, sie ist genötigt, sich im Leben einen unerfüllten Wunsch zu schaffen. Ihr Traum zeigt ihr auch die Wunschverweigerung als eingetroffen. Wozu braucht sie aber einen unerfüllten Wunsch?)

Die bisherigen Einfälle haben zur Deutung des Traumes nicht ausgereicht. Ich dringe nach Weiterem. Nach einer kurzen Pause, wie sie eben der Überwindung eines Widerstandes entspricht, berichtet sie ferner, daß sie gestern einen Besuch bei einer Freundin gemacht, auf die sie eigentlich eifersüchtig ist, weil ihr Mann diese Frau immer so sehr lobt. Zum Glück ist diese Freundin sehr dürr und mager, und ihr Mann ist ein Liebhaber voller Körperformen. Wovon sprach nun diese magere Freundin? Natürlich von ihrem Wunsch, etwas stärker zu werden. Sie fragte sie auch: ‚Wann laden Sie uns wieder einmal ein? Man ißt immer so gut bei Ihnen.‘

Nun ist der Sinn des Traumes klar. Ich kann der Patientin sagen: ‚Es ist gerade so, als ob Sie sich bei der Aufforderung gedacht hätten: Dich werde ich natürlich einladen, damit du dich bei mir anessen, dick werden und meinem Mann noch besser gefallen kannst. Lieber geb' ich kein Souper mehr. Der Traum sagt Ihnen dann, daß sie kein Souper geben können, erfüllt also Ihren Wunsch, zur Abrundung der Körperformen Ihrer Freundin nichts beizutragen. Daß man von den Dingen, die man in Gesellschaften vorgesetzt bekommt, dick wird, lehrt Sie ja der Vorsatz Ihres Mannes, im Interesse seiner Entfettung Soupereinladungen nicht mehr anzunehmen.‘

Es fehlt jetzt nur noch irgendein Zusammentreffen, welches die Lösung bestätigt. Es ist auch der geräucherte Lachs im Trauminhalt noch nicht abgeleitet. ‚Wie kommen Sie zu dem im Traum erwähnten Lachs?‘ ‚Geräucherter Lachs ist die Lieblingsspeise dieser Freundin‘, antwortet sie. Zufällig kenne ich die Dame auch und kann bestätigen, daß sie sich den Lachs ebensowenig vergönnt wie meine Patientin den Kaviar.“

(aus: Die Traumdeutung, Die Traumentstellung)

Der sechzehnjährige Freud mit seiner Mutter Amalie. 1872.

SIGMUND FREUD UND SEINE HERKUNFTSFAMILIE

KINDHEIT UND JUGEND

„Mein Vater machte sich einmal den Scherz, mir und meiner ältesten Schwester ein Buch mit farbigen Tafeln (Beschreibung einer Reise in Persien) zur Vernichtung zu überlassen. Es war erziehlich kaum zu rechtfertigen. Ich war damals fünf Jahre, die Schwester unter drei Jahren alt, und das Bild, wie wir Kinder überselig dieses Buch zerpflücken (wie eine Artischocke, Blatt für Blatt, muß ich sagen), ist nahezu das einzige, was mir aus dieser Lebenszeit in plastischer Erinnerung geblieben ist. Als ich dann Student wurde, entwickelte sich bei mir eine ausgesprochene Vorliebe, Bücher zu sammeln und zu besitzen. [...] Ich wurde ein Bücherwurm [...]. Ich habe diese erste Leidenschaft meines Lebens, seitdem ich über mich nachdenke, immer auf diesen Kindereindruck zurückgeführt...“

(AUS: DIE TRAUMDEUTUNG, DAS TRAUMMATERIAL UND DIE TRAUMQUELLEN)

Sigmund Freud wurde am 6. Mai 1856 im heute tschechischen Freiberg (Příbor), das in Mähren an den hügeligen Ausläufern der Karpaten liegt, im Haus Schlossergasse 117 geboren. Er wuchs als Ältester mit fünf Schwestern und einem Bruder auf. Seine Eltern stammten aus Galizien und gehörten zum aufstrebenden jüdischen Kleinbürgertum. Seine Mutter Amalie, die dritte Ehefrau des zwanzig Jahre älteren Textilhändlers Jakob Freud, war eine junge und sehr schöne Frau, selbstbewußt und nicht wenig herrschsüchtig. Ihr Erstgeborener, Sigmund, blieb bis zu ihrem Tod im Alter von 95 Jahren immer ihr unbestrittener Liebling, der sie allsonntäglich besuchte (Gay 1989). Bezeichnend für Sigmunds nachgiebigen Vater war, daß er seinem Sohn ein liberales Judentum vorlebte und ihm volle intellektuelle Entfaltungsmöglichkeiten ermöglichte, führte er doch selbst teilweise das Leben eines freigeistigen Privatgelehrten. Der „Lebenskünstler“ (Schneider 1999) Jakob Freud verbrachte spätestens seit den neunziger Jahren einen großen Teil seiner Zeit mit Lesen, Spazierengehen und Kaffeehausbesuchen, sagte Judith Bernays-Heller, eine Enkelin Jakob und Amalie Freuds, die zeitweise bei ihren Großeltern gelebt hatte.

Innerhalb der weitverzweigten Familie mit komplizierten Generationsverhältnissen – Jakob Freud hatte erwachsene Kinder aus einer früheren Ehe und war bereits Großvater – gebührte Sigmund stets eine besondere Stellung. Seine frühen Erfahrungen prägten ihn besonders im Hinblick auf geistige und immaterielle Werte. Luxus, Überfluß oder Mondänität lernte er als Kind nicht kennen. Sigmund war

In diesem Haus in Freiberg/Příbor (Mähren) wurde Sigmund Freud als Sohn von Jakob und Amalie Freud am 6. Mai 1856 geboren. Aufnahme aus den zwanziger Jahren.

„keineswegs verwöhnt oder anspruchsvoll", schrieb seine Schwester Anna. Dies bezieht sich auch auf die Küche: Im Hause Jakob und Amalie Freuds wurde gutbürgerlich und bisweilen notgedrungen recht karg gekocht, geriet doch die Familie immer wieder in finanzielle Bedrängnis. Jakob Freud erhoffte sich 1859 von einer Übersiedlung zunächst nach Leipzig, wenig später dann nach Wien, etwa 240 Kilometer von Freiberg entfernt, bessere Zukunftschancen. Später sollte Sigmund Freud – ein „seltsames Zusammentreffen" – in symbolischer Form erneut an diese Wurzeln erinnert werden: als er in Leipzig im „Hotel Stadt Freiberg" abstieg

und sich freute, „weil das Brot mich hier nichts kostet" (Freud – Martha Bernays, 16. 12. 1883).

Der Umzug nach Wien war ein bedeutender Einschnitt im Leben des damals dreijährigen Sigmund. Die Geborgenheit, Freiheit und Naturverbundenheit des Landlebens – so später Freuds Erinnerungen an die Freiberger Zeit – tauschte er nun mit der rauhen Wirklichkeit einer ihm fremden Großstadt, die die jüdische Familie nicht mit offenen Armen empfing. Zu den Eindrücken dieser Wiener Jahre gehörten enge Wohnverhältnisse, finanzielle Probleme, harter Existenzkampf und bald auch der zunehmende Antisemitismus. Innerhalb von Wien zog die Familie mehrfach um. Zunächst wohnte sie in der Weißgerberstraße 3, dann in der Pillersdorfgasse 5 bzw. der Pfeffergasse 1. Ende der sechziger Jahre lebten die Freuds kurz in der Glockengasse 30, bevor sie um 1870 zurück in die Pfeffergasse, diesmal Nummer 5, zogen (Tögel 1996).

Die unsichere Situation der Familie förderte die Besorgtheit und den frühen Ernst Sigmund Freuds sowie seine Suche nach Sicherheit und einer „Heimat" zumindest in der geistigen Welt. Zuflucht suchte und fand er in Büchern. Er, der bis zum neunten Lebensjahr daheim unterrichtet worden

Über Obst

„Ich sehne mich unsäglich nach der Traubenzeit, jetzt gibt es nichts als monotone Birnen. Birnen sind das plumpeste, fadeste, prosaischste Obst der Welt." *(Freud – Eduard Silberstein, 22. 8. 1874).*

„Ein jetzt 35jähriger Mann erzählt einen gut erinnerten Traum, den er mit vier Jahren gehabt haben will: Der Notar, bei dem das Testament des Vaters hinterlegt war — er hatte den Vater im Alter von drei Jahren verloren —, brachte zwei große Kaiserbirnen, von denen er eine zum Essen bekam. Die andere lag auf dem Fensterbrett des Wohnzimmers. Er erwachte mit der Überzeugung von der Realität des Geträumten und verlangte hartnäckig von der Mutter die zweite Birne; sie liege doch auf dem Fensterbrett. Die Mutter lachte darüber.
Analyse: Der Notar war ein jovialer alter Herr, der, wie er sich zu erinnern glaubt, wirklich einmal Birnen mitbrachte. Das Fensterbrett war so, wie er es im Traume sah. Anderes will ihm dazu nicht einfallen. [...]
Das Versagen der Einfälle des Träumers gibt uns das Recht, die Deutung durch Symbolersetzung zu versuchen. Die beiden Birnen — pommes ou poires — sind die Brüste der Mutter, die ihn genährt hat; das Fensterbrett der Vorsprung des Busens. [...] die Mutter hat ihn wirklich gesäugt, sogar weit über die gebräuchliche Zeit hinaus [...]. Der Traum ist zu übersetzen: Mutter, gib (zeig') mir die Brust wieder, an der ich früher einmal getrunken habe." *(aus: Die Traumdeutung, Die Traumarbeit)*

„Mein jüngstes Mädchen, damals neunzehn Monate alt, hatte eines Morgens erbrochen und war darum den Tag über nüchtern erhalten worden. In der Nacht, die diesem Hungertag folgte, hörte man sie erregt aus dem Schlaf rufen: Anna F. eud, Er(d)beer, Hochbeer, Eier(s)peis, Papp. Ihren Namen gebrauchte sie damals, um die Besitzergreifung auszudrücken; der Speisezettel umfaßte wohl alles, was ihr als begehrenswerte Mahlzeit erscheinen mußte; daß die Erdbeeren darin in zwei Varietäten vorkamen, war eine Demonstration gegen die häusliche Sanitätspolizei und hatte seinen Grund in dem von ihr wohl bemerkten Nebenumstand, daß die Kinderfrau ihre Indisposition auf allzu reichlichen Erdbeergenuß geschoben hatte; für dies ihr unbequemes Gutachten nahm sie also im Traum ihre Revanche."

(aus: Die Traumdeutung, Der Traum ist eine Wunscherfüllung)

„Wenn wir die Kindheit glücklich preisen, weil sie die sexuelle Begierde noch nicht kennt, so wollen wir nicht verkennen, eine wie reiche Quelle der Enttäuschung, Entsagung und damit der Traumanregung der andere der großen Lebenstriebe für sie werden kann. Hier ein zweites Beispiel dafür. Mein zweiundzwanzigmonatiger Neffe hat zu meinem Geburtstage die Aufgabe bekommen, mir zu gratulieren und als Geschenk ein Körbchen mit Kirschen zu überreichen, die um diese Zeit des Jahres noch zu den Primeurs zählen. Es scheint ihm hart anzukommen, denn er wiederholt unaufhörlich: Kirschen sind d(r)in und ist nicht zu bewegen, das Körbchen aus den Händen zu geben. Aber er weiß sich zu entschädigen. Er pflegte bisher jeden Morgen seiner Mutter zu erzählen, daß er vom ‚weißen Soldat' geträumt, einem Gardeoffizier im Mantel, den er einst auf der Straße bewunderte. Am Tag nach dem Geburtstagsopfer erwacht er freudig mit der Mitteilung, die nur einem Traum entstammen kann: He(r)mann alle Kirschen aufgessen!"

(aus: Die Traumdeutung, Der Traum ist eine Wunscherfüllung)

war und ab 1865 das Leopoldstädter Realgymnasium in der Taborstraße besuchte, war wißbegierig, ein hervorragender Schüler, und entwickelte mehr und mehr den Wunsch, etwas zu werden und seinen eigenen Wert unter Beweis zu stellen. Dem entspricht die von Freud in der Traumdeutung erwähnte Episode, nach der ihm und seinen Eltern während eines Besuchs in einem Praterwirtshaus ein Fremder bedeutet haben soll, aus dem damals etwa zwölfjährigen Jungen werde vielleicht einmal ein „Minister".

Als Heranwachsender hegte er erotische Phantasien, die, wie er später verstand, insgeheim auch auf seine schöne junge Mutter gerichtet waren. Mit sechzehn Jahren verliebte er sich in die Schwester eines Freundes, wagte aber nicht, sich zu offenbaren. Eine mögliche Heirat mit seiner in England lebenden Nichte, die er bei einer Reise nach Manchester traf, schlug ebenfalls fehl. Auch diese enttäuschten Liebeserwartungen trugen möglicherweise dazu bei, daß der junge Sigmund Freud in verstärktem Maße auf seine intellektuelle Arbeit hingelenkt wurde. Bis zur Matura im Jahr 1873 widmete er sich überwiegend seinen geistigen Interessen. Von den häufigen Besuchern in seinem Elternhaus, vornehmlich Freundinnen seiner Schwestern und seiner Mutter, ließ er sich kaum ablenken. Seiner Leidenschaft für Bücher und seiner besonderen innerfamiliären Stellung entspricht, daß Freud als einziger der Familie stets ein eigenes (Arbeits-) Zimmer hatte, wie seine Schwester Anna Freud-Bernays bestätigte. Viele seiner Freunde kamen, um ihn dort zu besuchen, aber nicht nur das. In seinem „Kabinett" pflegte der Gymnasiast zudem regelmäßig allein sein Abendessen einzunehmen, um seine Studien nicht unterbrechen zu müssen. Er nahm dadurch nicht uneingeschränkt am Familienleben mit seinen Eltern und Geschwistern

teil. Vielmehr fühlte er sich auch einigen Freunden wie Eduard Silberstein, mit dem er „frugale Nachtmähler" einnahm (Freud – Martha Bernays, 7. 2. 1884), eng verbunden.

Im Anschluß an seine außerordentlich erfolgreiche Schulzeit entschied er sich für das Medizinstudium, letztlich angestoßen durch eine Vorlesung über die Natur, die sich auf Goethe bezog. Der Vortrag hatte Freud so sehr gefesselt, daß er Naturforscher werden wollte, wozu ihm dieses Fach der geeignete Weg zu sein schien. Dank seiner vielfältigen Begabung hätte der Klassenprimus aber ebensogut etwas anderes studieren können.

Im Oktober 1873 immatrikulierte sich Freud an der Medizinischen Fakultät der Universität Wien. Der Student traf jede Woche im Café Kurzweil (Jones 1953) seine Freunde – um etwas zu trinken, zu plaudern, Karten oder Schach zu spielen. Zur damaligen Runde gehörten Eli Bernays, der Bruder seiner späteren Frau Martha und gleichzeitig künftige Ehemann von Freuds Schwester, Ignaz Schönberg, der spätere Verlobte von Minna Bernays, und die Brüder Fluß, die ebenfalls aus Freiberg stammten. Etwas später als üblich, nach achtjährigem Studium, schloß der Doktorand im Jahre 1881 seine akademische Ausbildung mit der Promotion ab. Anschließend, nach seiner Tätigkeit am Institut, trat er 1882 – in diesem Jahr begegnete er auch seiner späteren Frau – in das Wiener Allgemeine Krankenhaus ein.

SPÄTERE JAHRE

„Meine neuen Stiefel sind heute gekommen, zum Schnüren, mit englischen Sohlen, aber zweiundzwanzig Francs! Überhaupt, was für Geld ich nur für die gewöhnlichsten Dinge brauche, und wie arm ich schon bin, wirst Du nicht glauben. [...] Ganz

wohl wäre mir, wenn ich nicht an das Elend zu Hause denken müßte. Aber ich bin so alt oder so schwach oder so schlecht, daß ich mir nichts abgehen lassen kann. Ich esse (mich) doch satt und rauche und kann nichts tun als – bedauern. Wenn es mir einmal einfällt, verstört es mich, aber davon haben die nichts.“

(FREUD – MARTHA BERNAYS, 21. 10. 1885, AUS PARIS)

Während seiner Studienzeit 1873 bis 1881 wohnte Freud weiterhin bei seinen Eltern, die ihn nach Kräften unterstützten. Die Familie war abermals umgezogen und lebte nun – nach kurzem Aufenthalt in der Pazmanitengasse 19 – in der Kaiser-Josef-Straße, heute Heinestraße, 3. Jedoch prägten materielle Sorgen seine Herkunftsfamilie auch in diesen und späteren Jahren. „Kannst du dir denken, daß ich tausend Gulden im Kasten habe und Rosa und Dolfi hungern?“ fragte er in einem Brief seine Verlobte (Freud – Martha Bernays, 19. 6. 1884). Auch als er selbst Familienvater geworden war, war es für ihn wie für seinen jüngeren Bruder selbstverständlich, den Schwestern zur Seite zu stehen. Sigmunds eigene Mittellosigkeit beschränkte aber die Möglichkeit, etwas für die Seinen zu tun. In dieser Situation brachte er es kaum über sich, seine Familie zu besuchen. Als er einmal in ein Gasthaus zum Mittagessen eingeladen war, äußerte er, wie schlimm es für ihn sei, Braten zu essen und zu wissen, wie hungrig seine Schwestern seien, erinnerte sich Ernest Jones.

Als Freud 1938 emigrieren mußte, stellte er seinen vier Schwestern, die den Entschluß gefaßt hatten bzw. gezwungen waren, in Wien zu bleiben, einen größeren Betrag zur Verfügung. Er selbst starb im Jahr darauf und mußte nicht mehr von ihrem Leidensweg erfahren: Alle vier kamen in deutschen Konzentrationslagern um. Nur eine der fünf Schwestern überlebte: Anna hatte seinen Schwager Eli Bernays, den Bruder seiner Frau Martha, geheiratet und war mit ihm nach Amerika ausgewandert. Besuchte Anna ihre Heimatstadt, etwa im September 1932, so logierte sie im „Imperial“, wo ihr Bruder Sigmund sie besuchte.

Lachs im Gemüsesud

4 Lachsfilets
1 Karotte (Möhre)
1 Zwiebel
1 Stange Porree (Lauch)
1 Zitrone
1 Liter Wasser
Pfefferkörner
frische Petersilie

Alle Zutaten kleingeschnitten in einen Topf geben.
Aufkochen und 10 Minuten ziehen lassen.
Den Lachs in den Sud geben und auf kleiner Flamme ca. 15 Minuten
garziehen (pochieren) lassen.
Nach Belieben mit Kartoffeln oder Gemüse servieren.
Als Sauce dazu am besten zerlassene Butter oder Mayonnaise.

„Ein Verarmter hat sich von einem wohlhabenden Bekannten unter vielen Beteuerungen
seiner Notlage 25fl. geborgt. Am selben Tag noch trifft ihn der Gönner im Restaurant vor einer
Schüssel Lachs mit Mayonnaise. Er macht ihm Vorwürfe: ,Wie, Sie borgen sich Geld von mir
aus und dann bestellen Sie sich Lachs mit Mayonnaise. Dazu haben Sie mein Geld gebraucht?'
,Ich verstehe Sie nicht', antwortet der Beschuldigte, ,wenn ich kein Geld habe, kann ich nicht
essen Lachs mit Mayonnaise, wenn ich Geld habe, darf ich nicht essen Lachs mit Mayonnaise.
Also wann soll ich eigentlich essen Lachs mit Mayonnaise?'"

(aus: Psychologische Schriften, Der Witz und seine Beziehung zum Unbewußten)

Sigmund Freud und Martha Bernays in Wandsbek. 1885.

„Mein süßer Schatz Wenn ich noch einmal ohne Dich von Wandsbek fortfahren muß, so lasse ich mich gewiß von Dir zur Bahn begleiten. Ich war schon nahe daran, wieder von Schadendorf umzukehren und noch die Nacht zu bleiben, habe mich nur ein klein wenig geschämt, weil wir doch bisher so standhaft in unseren Abschieden waren."

(Freud – Martha Bernays, 30. 3. 1886)

VERLOBUNGSZEIT

MARTHA

„Mein herziges Liebchen, ich wollte Dir heute mehr schreiben, aber Schönberg und Franceschini waren den ganzen Nachmittag bei mir, dann haben wir zusammen Nachtmahl gegessen, und nun bin ich schläfrig geworden und bin glücklich genug, Dir schreiben zu müssen, anstatt Deine süßen Lippen küssen zu dürfen.“

(FREUD – MARTHA BERNAYS, 9. 9. 1883)

Martha Bernays, 1861 in Hamburg in der Straße (bei den) Hütten geboren, war knapp 21 Jahre alt, als sie Sigmund Freud 1882 begegnete. Sie hatte einen älteren Bruder und eine vier Jahre jüngere Schwester und stammte aus einer bedeutenden deutsch-jüdischen Familie aus Wandsbek, das heute zu Hamburg gehört. Marthas Großvater Isaak Bernays war ein angesehener Oberrabbiner in der Kohlhöfensynagoge der Stadt Hamburg. Auch die beiden Brüder des Vaters von

Martha Bernays wurden als Germanistikprofessor in München bzw. Altphilologe in Bonn wichtige Persönlichkeiten der deutschen Kulturgeschichte. Berman Bernays, Marthas Vater, war Kaufmann und betrieb zeitweise eine Leinen-Stickerei und Weißwarenhandlung in der Hamburger Altstadt, Alter Wall 2, Ecke Schleusenbrücke (Hamburger Adreßbuch 1856, Staatsarchiv Hamburg). Marthas Mutter, Emmeline Philipp, eine gebürtige Hamburgerin, war eine intelligente und gebildete Frau skandinavischer Abstammung und streng orthodox. So trug sie traditionsgemäß Scheitel, das heißt, sie hatte nach der Hochzeit ihr Haar geopfert und durch eine Perücke, die vorgeschriebene Kopfbedeckung der verheirateten Jüdin, ersetzt (Martin Freud 1958).

Martha verlebte ihre frühe Kindheit in Hamburg. Einige Jahre später bekam Berman Bernays von einem früheren Arbeitgeber das Angebot, in Wien zu arbeiten. So übersiedelte die Familie 1869, Martha war acht Jahre alt, von Hamburg in die österreichische Hauptstadt. Dort nahm Berman Bernays die (vermutlich lukrativere) Stelle als Sekretär des Nationalökonomen Lorenz von Stein an. Nach dem Tod des Vaters 1879 lebte die Familie in sehr bescheidenen Verhältnissen und maßgeblich von den Einkünften des Bruders Eli (Louven 1991).

Martha Bernays hatte – wie damals mehr als die Hälfte aller jüdischen Mädchen (vgl. Kaufmann 1996) – die typische Erziehung eines Mädchens aus dem jüdischen Bildungsbürgertum der Jahrhundertwende genossen: Sie besuchte eine „Höhere Töchterschule", die sie auf das Leben an der Seite eines passenden Mannes vorbereiten sollte (Stephan 1992). Sie war klein, zierlich und dunkelhaarig, hatte aparte Gesichtszüge und eine sehr blasse Hautfarbe. Freud fand sie nicht übermäßig schön, war aber sofort von ihr fasziniert. Martha, um die ein „Hauch des Gouvernantenhaften" schwebte (Sachs 1950), war eine hanseatisch-zurückhaltende Frau mit „einer schwer zugänglichen Natur" (Freud – Wilhelm Fließ, 10. 7. 1893). Sie galt als eine typische Norddeutsche, die auch nach Jahrzehnten in Wien ihre hamburgische Aussprache nicht verlor, was zu der besonderen, „extraterrestrischen" (Sachs 1950) Atmosphäre im Haus Berggasse 19 beigetragen haben soll. Selbst Freud

An der Kohlhöfensynagoge in Hamburg war Martha Bernays' Großvater Isaak Bernays von ca. 1821 bis 1849 als Oberrabbiner tätig.

tat es ehedem einmal „sehr leid, Dein Hamburgerisch nicht verstanden zu haben" (Freud – Martha Bernays, 23. 7. 1885).

Martha, sein „süßes Prinzeßchen" (Freud – Martha Bernays, 18. 1. 1886), erwies sich in vielerlei Hinsicht als die ideale Frau für Freud. Sie ertrug viele Entbehrungen während der langen Verlobungszeit, auch Freuds häufige Ausbrüche von Eifersucht, Pessimismus und seine wiederholten Bestrebungen, sie von ihrer Familie zu isolieren (Gay 1989). Sie entsprach seinem Bild der perfekten Ehefrau, sorgte für emotionale Stabilität und praktische Unterstützung, hielt ihm den Rücken frei und viele Probleme von ihm fern. Alles in allem fand Martha – obwohl Freud in den ersten Jahren ihrer Ehe abends seine Fälle mit ihr zu besprechen pflegte (Jones) – Erfüllung vor allem in Familie und Haushaltsführung. Sie entsprach damit vollkommen den damaligen Erwartungen an eine Frau des Bürgertums (vgl. Kaplan 1997). Interesse für die Arbeit ihres Mannes, die ihr „irgendwie pornographisch" vorgekommen sein soll, brachte sie kaum auf, wenngleich sie ihre Stellung als „Frau Professor" sehr genoß. Allerdings bewies sie ein Gespür für Öffentlichkeitsarbeit in der Sache ihres Mannes, als sie dafür sorgte, daß sein sich anfangs nur schleppend verkaufendes Buch

Die Traumdeutung Verbreitung fand: Im Zusammenhang mit einem Vortrag des dänischen Schriftstellers Georg Brandes „über Lektüre. Thema nichts Besonderes, Vortrag anstrengend" teilte Freud mit: „Ich habe geschwelgt im Zuhören. Martha, bei der Ehrgeiz ein sehr erhebliches Element ist, hat mich dann veranlaßt, ihm ein Traumbuch ins Hotel zu schicken" (Freud – Wilhelm Fließ, 23. 3. 1900).

WIEN

„Glaubst Du an Omina? Seitdem ich erlebt habe, daß mich der erste Anblick eines Mädchens, das am bekannten langen Tisch saß, so fein plauderte und mit kleinen Fingern Äpfel schälte, so nachhaltig außer Fassung gebracht, bin ich eigentlich abergläubisch. Erinnerst Du Dich noch, Du ahnungsloser Wurm?"

(FREUD – MARTHA BERNAYS, 26. 6. 1885)

Die Bekanntschaft mit seinen Schwestern führte Martha Bernays in Sigmund Freuds Elternhaus. Dort begegneten sie einander an einem Abend im April 1882 zum ersten Mal. Die Situation entbehrte nicht einer gewissen Adam-und-Eva-Symbolik, denn das fröhliche Mädchen, das Freuds Aufmerksamkeit nachhaltig erregte, schälte heiter plaudernd einen Apfel. Entgegen seiner sonstigen Gewohnheit verschwand Sigmund an jenem Tag nicht zum Abendessen in seinem Zimmer, sondern setzte sich zu den jungen Damen.

Obwohl es „Liebe auf den ersten Blick" war, verbarg Freud in den ersten Wochen nach dem Kennenlernen seine Gefühle, bis er sich etwas sicherer war. Dann bemühte er sich stilvoll, Martha zu gewinnen: Er schickte ihr täglich eine rote Rose. Jede war von einer Visitenkarte mit einem Denkspruch in lateinischer, englischer oder deutscher Sprache begleitet (Jones 1960). Er bat sie um ein Wiedersehen, und bald waren sie während eines Spaziergangs ein erstes Mal allein. Anfang Juni fanden sie in einem Garten eine doppelte Mandel, ein Vielliebchen, was, so der Brauch, zu einem Geschenk verpflichtete. Martha verpackte „einen Kuchen zum Seciren" (Jones 1960) für Sigmund, er wiederum schickte seiner Angebeteten das Buch *David Copperfield*. (In der Geschichte des verstoßenen Jungen, der sich im Verlauf einer Vielzahl von Mißgeschicken und Unglücksfällen zu einem erwachsenen, reifen Mann entwickelt, spielt – Zufall ? – eine Martha eine schicksalsträchtige Rolle.) Die Ernsthaftigkeit der Beziehung zwischen den beiden war zu diesem Zeitpunkt bereits offensichtlich. Kurz darauf war Martha bei den Freuds zum Abendessen eingeladen. Er steckte ihre Tischkarte als Souvenir ein, sie drückte ihm heimlich die Hand. Zwei Tage später kündigte sie ein Geschenk, einen Zweig mit Lindenblüten, für ihn an. Freud fühlte sich dadurch in seinen Hoffnungen bestärkt und wußte zudem, daß ihre Hamburg-Reise bevorstand. So faßte er Mut und schrieb ihr den ersten Brief. Als Antwort darauf gab Martha ihm am Samstag, als er sie bei sich daheim sah, einen Ring ihres Vaters. Seit diesem Abend, dem 17. Juni 1882, betrachteten sie sich als verlobt.

Ihre Heiratsabsichten hielten sie lange geheim, denn Marthas Mutter war von Freud als möglichem Schwiegersohn nicht sehr angetan; sie erhoffte sich einen vermögenden Mann für die Tochter. Dieser war Sigmund zweifelsohne nicht: Der Sechsundzwanzigjährige war wissenschaftlicher Mitarbeiter im physiologischen Universitätsinstitut von Professor Ernst Brücke, und vor ihm lag eine noch ungewisse Zukunft.

HAMBURG-WANDSBEK

WANDSBEK

Gesetzt du wärst, dich zu erfreuen
Und ob des Leibes Stärke,
In Hamburg (Fleisch und Fisch und Wein
Sind hier sehr gut, das merke!)

Und hättest Wandsbek Lust zu sehn,
Und bist nicht etwa Reiter;
So mußt du aus dem Thore gehn,
Und so allmählich weiter.

Zu Wagen kannst du freylich auch,
Das kann dir niemand wehren;
Doch mußt du erst nach altem Brauch
Des Fuhrmanns Meinung hören;

Und wenn der nichts dagegen hat,
So hab' ich nichts zu sagen.
Reit' oder geh, doch in der That
Am Besten ist's zu Wagen.

MATTHIAS CLAUDIUS

**Nach dem Umzug aus Wien lebte Martha Bernays
mit ihrer Familie in der Hamburger Straße 38 in Wandsbek.**

Im Juni 1882, wenige Tage nach der Verlobung mit Sigmund Freud, reiste Martha Bernays zu ihrem Onkel Elias (Eli) Philipp nach Wandsbek bei Hamburg. Sie kam zuerst lediglich für einen Ferienaufenthalt, doch ein Jahr später, 1883, zog Marthas Mutter mit ihren Töchtern in eine Wohnung nach Wandsbek, Hamburger Straße, in die Nähe des Hauses ihres Bruders. Sie hatte sich stets danach gesehnt, in ihre alte Heimat zurückzukehren. Und Sigmund sehnte sich nach seinem „Marthchen", das zunächst zur Erholung in Düsternbrook bei Kiel an der Küste weilte (Freud – Martha Bernays, 13. 7. 1883). Für die Verlobten Martha und Sigmund Freud folgten nach diesem Umzug vier zermürbende Jahre der Trennung und des Kampfes um die Einwilligung zur Heirat. „Kurz, ich weiß nichts von der Zukunft. Ich darf nicht mit ihr rechnen, aber ich weiß, daß ich der Erquickung, Dich wieder im Arm zu halten, so dringend bedarf wie Speise und Trank" (Freud – Martha Bernays, 19. 6. 1884). Der noch nicht etablierte Freud unterstellte seiner künftigen Schwiegermutter die böswillige Absicht, die Heirat boykottieren zu wollen, weil er als Schwiegersohn nicht gut genug sei.

Schon kurz nach der Verlobung 1882 hatte Freud Martha zum „Finanzverwalter" gemacht. Er schickte ihr Abrechnungen von Wien nach Hamburg. Aus ihnen geht beispielsweise hervor, daß er allenfalls, um „mich zu belohnen", ins Gasthaus ging (Freud – Martha Bernays, 7. 2. 1884), sich gewöhnlich aber nur zwei Mahlzeiten täglich gönnte. „Ich esse jetzt Nachtmahl zu Hause, bescheiden, aber mit Lust und kann Pläne schmieden, lesen und referieren so viel ich will", teilte er mit (Freud – Martha Bernays, 1. 3. 1885). Sogar über den Genuß von ein wenig Schokolade legte er ihr Rechenschaft ab. Mit Verwunderung hörte er daher, daß sich Martha für ihre Gesundheit täglich ein Glas Bier gönnte, und fragte sie, woher sie das Geld dafür habe. Er selbst war ständig bestrebt, sich einzuschränken. Eine Weile versuchte er Zeit und Geld zu sparen, indem er selbst kochte, bzw. nicht kochte, sondern von einem Vorrat an Schinken, Käse und Brot lebte. „Ich gehe mit dem Gedanken um, zu Hause zu frühstücken, um Geld zu sparen und dabei besser zu essen. Soll ich mich für Tee oder Kaffee entscheiden? Es gibt automatische Kaffeemaschinen, so gut wie Teemaschinen, und ich finde am Tee eigentlich gar nichts Empfehlenswertes, besonders an dem, den man hier einkauft. Was meinen Euer Hochwohlgeboren, mein zartes Prinzeßchen?" (Freud – Martha Bernays, 14. 2. 1884).

Martha Bernays während ihrer Verlobungszeit mit Sigmund Freud. 1885.

Trotz seiner Sparsamkeit befand Freud sich immer in Geldnot, weswegen er seine Verlobte in den Jahren bis zur Heirat 1886 nur etwa sechsmal (wenn auch mitunter mit mehrwöchigem Aufenthalt) in Wandsbek besuchen konnte. Er brauchte jeweils Geld nicht nur für die Zugfahrt, sondern auch für die Unterkunft im Posthotel, denn selbstverständlich konnte er nicht mit seiner Braut unter einem Dach nächtigen. Als einziges Zugeständnis an die bescheidenen Mittel des Bräutigams billigte die künftige Schwiegermutter zu, daß Martha für ihn kochte. Sie gestattete aber nicht, daß ihre Tochter ihm die Speisen persönlich ins Hotel brachte.

Dies übernahm die Reinemachefrau der Bernays, die dann auch mit einem Weihnachtsgeschenk bedacht werden sollte „Es soll doch von Paris kommen, nicht?" (Freud – Martha Bernays, 24. 11. 1885).

Da das Paar sich nur selten treffen konnte, korrespondierten die beiden nahezu täglich. Der Verliebte soll sich Martha gegenüber dabei mitunter wie ein „Minnesänger" (Salber 1999) gegeben haben. Bis zur Hochzeit schrieb Sigmund seinem „Prinzeßchen" Hunderte Briefe. Seine Verlobte war immer auf dem laufenden über berufliche Entwicklungen und sein gesellschaftliches Leben.

Hanseaten

300 g Mehl
200 g kalte Butter (oder Margarine)
100 g Zucker
1 Ei
1 Päckchen Vanillezucker, eine Prise Salz,
eine Spur Anis
2 Teelöffel fein geriebene Orangenschale
1 Eßlöffel Erdbeer- oder Kirschkonfitüre,
nach Belieben mehr
250 g Staubzucker (Puderzucker), gesiebt
4 Eßlöffel Wasser, wenn nötig mehr
rote Speisefarbe

Mehl, Salz, Fett in Flöckchen, Zucker, Vanillezucker, Ei,
Orangenschale und Anis glatt verkneten und eine halbe Stunde
kalt stellen. Teig etwa einen halben Zentimeter dick ausrollen.
Mit Hilfe einer Tasse oder eines Glases runde Kekse ausstechen
und auf ein mit Backpapier ausgelegtes Blech geben.
Im auf 190 bis 200° vorgeheizten Ofen 12 bis15 Minuten
backen. Einige Kekse einseitig mit Konfitüre bestreichen und
zusammensetzen. Staub- (Puder-) zucker mit ein wenig Wasser
anrühren. Die Hälfte dieser Glasur mit der Speisefarbe rosa
färben. Kekse mit dem Zuckerguß zur Hälfte weiß, zur Hälfte
rosa färben und trocknen lassen.

In den Wiener Haushalt fand auch dieses nur vom Namen her
„nordische" Gebäck aus Mürbteig Eingang.

Schriftlich diskutierten sie fortwährend ihre Familienmitglieder, flochten Weltanschauungen ein, tauschten ihre Eindrücke aus über das, was sie lasen, und planten gelegentlich Einkäufe: „Was soll nun mit Deiner Toilette werden? Jerseyjäckchen, sind sie noch modern?" (Freud – Martha Bernays, 21. 4. 1884) fragte er einmal ratlos, oder er sinnierte abwägend: „Ein Hut, doch nein, das hat in Hamburg Zeit" (Freud – Martha Bernays, 12. 8. 1885). Der Verlobte versorgte seine Liebste nicht nur mit wohlmeinenden Ratschlägen, sondern gelegentlich auch mit ein wenig Kokain. Und Martha schickte ihm Päckchen von Hamburg nach Wien, sie enthielten praktische Geschenke wie Mappen oder Rezeptblöcke, aber auch kulinarische Aufmerksamkeiten: „Heute sind meine Schätze angekommen und haben mich herzlich froh gemacht. [...] Endlich die Keks sind vom würzigsten Wohlgeschmack, ganz unwahrscheinlich, daß Keks so schmecken können" (Freud – Martha Bernays, 7. 5. 1885).

Das Essen spielte zwischen den Verlobten von Anfang an eine große Rolle. Sie buk ihm Kuchen und Kekse – wohl „Hanseaten" –, er empfahl der blassen jungen Frau, sich zu „lüften" (Freud – Martha Bernays, 19. 4. 1884) und riet zu kräftigender Kost einschließlich Rotwein und Blaud's Eisenpillen[1] (Jones 1960). „Geh, schreib mir jetzt so viel von Dir, als ich von mir schreibe. Und auch, ob Du sehr wohl, ganz wohl bist. Ob Dir das Eisen wohltut und ob Du Wein trinkst. Ich werde

bös, wenn Du nicht beides tust" (Freud – Martha Bernays, 21. 4. 1884).

Marthas Eßgewohnheiten, die streng auf die jüdischen Speisegesetze abgestimmt waren, führten immer wieder zu Meinungsverschiedenheiten. Freud entrüstete sich über die rituellen Nahrungsbeschränkungen, die seiner Geliebten durch ihren Glauben auferlegt wurden. Er fand sie unsinnig und zudem gesundheitsschädlich. Als Martha einmal krank war, warnte er nicht nur vor „Verhätschelung" und riet ihr, sich abzuhärten; sie müsse vor allem gut essen – „wenn nötig heimlich" (Freud – Martha Bernays, 13. 7. 1883), ergänzte er in Anspielung auf die Speisevorschriften. Ihrer religiösen Mutter zuliebe hielt Martha dennoch lange am *Kaschrut* fest und beugte sich erst nach der Heirat – und bis zu Freuds Tod – den Vorstellungen ihres Mannes.

PARIS

„Nun bist Du wohl neugierig, wie ich mich in der ausgezeichneten Gesellschaft benahm? Sehr anständig, ich machte mich an Lepine, dessen Arbeiten ich kannte, hielt lange Unterredungen mit ihm, dann mit Strauß und Gilles de la Tourette, nahm gleich von Mme Charcot eine Tasse Kaffee an, trank später Bier, dampfte wie ein Schornstein und fühlte mich sehr behaglich, ohne daß mir ein einziges Malheur passiert wäre."

(FREUD – MARTHA BERNAYS, 20. 1. 1886)

Nachdem er seine Zeit im Allgemeinen Krankenhaus absolviert und sechs Wochen bei seiner Braut in Wandsbek verbracht hatte, kam Freud im Oktober 1885 nach Paris. Zunächst logierte er im Hôtel de la Paix, nach der Rückkehr vom Weihnachtsbesuch in Hamburg bezog er ein Zimmer im Hôtel du Brésil in der Rue du Goff.

---

[1] *„Pilulae Ferri carbonici Blaudii", aufgeführt in: Wolfgang Schneider, Lexikon zur Arzneimittelgeschichte, Band III, Frankfurt/Main 1968, im Kapitel Deutscher Pharmacopöen-Standard, Kombichemika, S. 219*
Ebd., Band IV, Geheimmittel und Spezialitäten, Frankfurt/Main 1969, S. 187: Plenulae Blaudii. Luftfrei gefüllte Gelantinekapseln, die Ferrum carbonium (carbonicum) und Oleum enthalten.
Fabrikant: Capsules-Fabrik von Joh. Lehmann in Berlin
Auskunft: Deutsches Apothekenmuseum, Heidelberg

Der junge Mediziner hatte sich viel von seiner Hospitation in Paris versprochen: „O wie schön wird das sein! Ich komme mit Geld und bleibe recht lange und bringe was Schönes für Dich mit und gehe dann nach Paris und werde ein großer Gelehrter und komme dann mit einem großen, großen Nimbus nach Wien zurück, und dann heiraten wir bald, und ich kuriere alle unheilbar Nervenkranken, und Du erhältst mich gesund, und ich küsse Dich bis Du stark und heiter und glücklich bist – und wenn sie nicht gestorben sind, so leben sie heute noch" (Freud – Martha Bernays, 20. 6. 1885). Die ersten Eindrücke seines knapp fünfmonatigen Verweilens in der französischen Metropole jedoch waren nicht sehr glücklich. Die Stadt verwirrte ihn, die Menschen erfüllten ihn mit Unbehagen, und ihn erschreckte das teure Leben in Paris. Gefühle des Verlassenseins, Geldsorgen, der Gedanke an seine notleidenden Eltern und Schwestern in Wien – all das verleidete ihm anfangs den Aufenthalt. „Von kleinen Nachrichten die, daß der Kaffee hier überall köstlich ist", raffte er sich auf zu berichten (Freud – Martha Bernays, 19. 10. 1885).

Freuds Ziel in Paris war die Salpêtrière, die Klinik, in der der Nervenarzt Jean-Martin Charcot, einer der bekanntesten Ärzte seiner Zeit, wirkte und lehrte. Professor Charcot beschäftigte sich in

der „weiblichen Hölle" (Didi-Huberman 1997) vor allem mit Hysterie-Patientinnen. Bei ihm wollte Freud als „élève de médicine" ein paar Monate hospitieren. Der junge Ausländer wurde sehr freundlich aufgenommen. Erstaunt berichtete er, „und der Assistent lud mich ein!! in der Salle des Internes mit ihm und den anderen Ärzten des Hauses zu déjeunieren, wo man mich natürlich als Gast behandelte. Und das alles auf einen Wink des Meisters!" (Freud – Martha Bernays, 27. 1. 1886). Die Begegnung mit dem „Meister" Charcot sollte die entscheidende Wende im Leben Freuds zur Folge haben, denn durch ihn eröffnete sich Freud eine neue Welt: er entdeckte die psychologische Seite der Neuropathologie, der er sich bald ausschließlich widmete.

PHOTOGRAPHIE des CHAMPS ÉLYSÉES

Jean-Martin Charcot, Pariser Nervenarzt, einer der wichtigsten Anreger und Förderer des jungen Arztes Sigmund Freud. Fotografie mit Widmung. 1886.

Im Laufe der Hospitation erweckte Freud Charcots tieferes Interesse. Bald wagte er den Professor zu fragen, ob er seine Vorlesungen ins Deutsche übersetzen dürfe, wozu Charcot seine Einwilligung gab. Sobald diese neue Kollaboration beschlossen war, wurde Freud durch die glanzvollen Dienstagabendempfänge in Charcots Haus am Boulevard St. Germain – das „Zauberschloß", wie Freud es nannte (Freud – Martha Bernays, 20. 1. 1886) – in einen neuen Gesellschaftskreis eingeführt. Wiederholt betrat er nun die palastähnliche Villa, zur Besprechung der Übersetzungen oder zu gesellschaftlichen Anlässen im Rahmen des Jour fixe. Professor Charcot, der „Salonlöwe" (Gay 1989), führte ein mondänes Haus.

Im Januar 1886 wurde Freud von Charcot zu einer Soirée gebeten. Er fühlte ein „mit Neugier und Befriedigung gemischtes Grauen" angesichts der ehrenden Einladung und wollte angemessen erscheinen, wie er seiner Verlobten schrieb. Abendanzug – Frack – war Pflicht. „Weiße Handschuhe und Krawatte, selbst ein neues Hemd, Frisieren der letzten noch übrigen Haare, und so weiter. Etwas Cocain, um das Maul öffnen zu können", das waren seine Vorbereitungen (Freud – Martha Bernays, 18. 1. 1886). Zwei Tage später beschrieb Freud ausführlich und bewundernd das prächtige Anwesen seines Gastgebers – „mit einem Wort ein Museum" – und erzählte, wen er bei Charcot angetroffen hatte. Anwesend waren demnach der Sohn von Alphonse Daudet, ein Assistent Pasteurs, mehrere bedeutende Ärzte – darunter ein „kleiner kränklicher Mann", nämlich der berühmte Neurologe Gilles de la Tourette – sowie der italienische Maler Emile Toffano. Ein anderer gesellschaftlicher Anlaß, im Februar, war für ihn eher langweilig, denn er kannte beinahe niemanden der etwa fünfzig Versammelten und kam kaum ins Gespräch. „Gegen halb zwölf Uhr wurde man in den

Bei einem seiner Theaterbesuche in Paris sah Freud auch die berühmteste Schauspielerin ihrer Zeit, Sarah Bernhardt (Plakat von Alfons Mucha, 1894)

Speisesaal gefordert, dort gab es viel zu trinken und etwas zu essen. Ich nahm eine Tasse Chocolat" (Freud – Martha Bernays, 2. 2. 1886). Ein glanzvolles Diner kurz darauf entschädigte ihn allerdings. Dieser Abend wurde zum schönsten, den er in Paris verbrachte, wie er sagte. Er traf nicht nur den italienischen Maler wieder, sondern auch Assistenten Charcots, einen Bildhauer und den Kunstkenner Emmanuel Arene. Er „saß neben Mlle. Charcot, meine Tischkarte schicke ich Dir für's Archiv ein. Man bekam nicht viel, aber auserwählte Sachen zu essen, trank dabei verschiedene Weine" (Freud – Martha Bernays, 10. 2. 1886).

In der Pariser Zeit besuchte Freud nicht nur mondäne private Abendveranstaltungen bei den Charcots. Nach anfänglichem Unbehagen machte er sich daran, die Stadt zu erkunden, die Straßen, Kirchen, Theater, Museen, Parks. Seine Briefe an Martha geben detailliert seine Eindrücke wieder: sein Erstaunen über den „Obelisken aus Luxor", die eleganten Champs-Elysées, die Place de la République und die stillen Gärten der Tuilerien. Im Louvre gefielen ihm besonders die Mona Lisa und die Venus von Milo. Trotz chronischer Geldnot ging er auch mehrmals ins Theater, etwa um Molière-Stücke zu sehen. Er nahm sich die Zeit für Oper und Konzert und ließ sich „in die Comédie Française mitschleppen, wo man Figaros Hochzeit von Beaumarchais gab" (Freud – Martha Bernays, 17. 1. 1886). Besonders beeindruckt zeigte er sich auch von einer Aufführung im Theater am Boulevard St. Martin mit der legendären Schauspielerin Sarah Bernhardt. „Gestern hatte mein Nichtschreiben einen anderen Grund. Ich war im Theater Porte Saint-Martin bei Sarah Bernard. Bin etwas müde und wüst davon, von acht bis halb ein Uhr Hitze und Höllenschaustück, aber es war der Mühe wert. [...] Und nun die elende Großmannssucht der Franzosen, einem durch viereinhalb Stunden Theater zu geben, sowie beim Essen durchaus fünf oder sechs Gänge. Ein Ding rasch durchgenießen, wobei das Interesse einem über die Müdigkeit hinweghilft, ist ihnen zu plebejisch, sie haben also zweieinhalb Stunden Spiel durch zwei Stunden Zwischenakte auseinandergetrieben, in welchen man allerdings hinausgehen, auf der Straße im schönsten Wetter Bier trinken, Zigarren rauchen und Orangen essen kann; aber wenn man zu früh zurückkommt (und das tut man immer) steht man greuliche Qualen der Erwartung im Backofen aus" (Freud – Martha Bernays, 8. 11. 1885).

Freud traf in Paris auch mit Bekannten aus Wien zusammen, zum Beispiel, als er auf Drängen seiner Familie Frau Kreisler, der Gattin des Hausarztes, einen Besuch abstattete. Die Dame weilte in Paris, um ihrem zehnjährigen Sohn, dem man eine hohe musikalische Begabung nachsagte, besondere Förde-

rung angedeihen zu lassen. Freud zeigte für diesen Aufwand wenig Verständnis (Freud – Martha Bernays, 26. 11. 1885). Zu Unrecht: der Junge war der später weltberühmte Violinist Fritz Kreisler.

Nach Beendigung seiner Studien in Paris und einem anschließenden dreiwöchigen Aufenthalt in Berlin kehrte Freud am 3. April 1886 nach Wien zurück. Mitte April mietete er seine erste eigene Wohnung in der Rathausstraße 7, am 25. April eröffnete er seine Praxis. Kurz danach schickte er seiner Verlobten Geld mit der Aufforderung, sie solle sich einen Hut und eine Flasche Wein kaufen und sich einen schönen Tag machen. Noch im selben Jahr heiratete er Martha Bernays und bezog mit ihr, zurückgekehrt von der Hochzeitsreise, eine neue Wohnung im sogenannten Sühnhaus in der Maria-Theresienstraße 8. In diesem Kaiserlichen Stiftungshaus lebte und ordinierte Freud von Oktober 1886 bis September 1891.

Im nach dem Ringtheaterbrand an dessen Stelle errichteten „Sühnhaus", Wien I, Maria-Theresienstraße 8, lebte und arbeitete Freud von 1886 bis 1891.

HOCHZEITSMENÜ
VON SIGMUND FREUD UND MARTHA BERNAYS

Hochzeitssuppe

1,5 kg Suppenfleisch
4 Knochen
1 Bund Suppengrün mit Lauch, Sellerie und Petersilienwurzel
1 Zwiebel
8 Karotten (Möhren)
200 g Erbsen

Das Fleisch mit den Knochen, der kleingeschnittenen Zwiebel, dem Suppengrün und einem Löffel Salz in einem großen Topf 2 Stunden in etwa 2,5 l Wasser kochen lassen. Herausnehmen, abkühlen lassen und in mundgerechte Stücke schneiden. Karotten (Möhren) klein schneiden und mit den Erbsen in der Brühe bis zu 15 Minuten, je nach gewünschter Bißfestigkeit, köcheln lassen. Dann das Fleisch wieder dazugeben, kurz erwärmen lassen, abschmecken und die Suppe mit Petersilie bestreut servieren.
Als Einlage empfehlen sich nach Belieben neben Mark- und Leberknödelchen (-klößchen) vor allem Eierstich und kleine Semmelknödel. Für letztere einige Semmel- (Brötchen-) würfel in ein wenig Milch ziehen lassen, mit gedünsteten Zwiebelwürfeln, Ei, Petersilie, Salz, Pfeffer und Muskat zu einem festen Teig verkneten, kleine Knödel daraus formen und (mit dem Gemüse) 15 Minuten in der Brühe köcheln lassen.

Rinderfilet

1 kg Rinderfilet
100 g fetter Speck
20 g Fett
Salz
1 Zwiebel
1 Tomate
Mehl
Sauerrahm (saure Sahne)
Burgunder oder Madeira nach Belieben

Das vorbereitete Filet kurz vor dem Braten mit Salz einreiben, mit Fett bestreichen und mit Speckstreifen belegen, um das Austrocknen zu verhindern. Zwiebel und Tomate kleingeschnitten zum Fleisch in den offenen Bräter geben. Diesen auf die untere Einschub- leiste stellen und bei 225 bis 250° etwa 30 Minuten braten. (Jedes weitere halbe Kilo

Das Hochzeitsmahl von Sigmund und Martha Freud war für damalige Verhältnisse eher bescheiden: man hatte Kostenvoranschläge eingeholt und sich schließlich für eine billigere Variante entscheiden müssen. Die Serviettenringe waren mit einem Foto des Paares geschmückt.

Fleischgewicht verlängert die Bratzeit um etwa 5 Minuten.)
Das Filet ist bei der angegebenen Garzeit innen rosa bis rot.
Wird es durchgebraten gewünscht, längere Bratzeit rechnen.
Zum Schluß das Fleisch bei abgeschaltetem Ofen weitere
5 bis 10 Minuten ruhen lassen. Bratenfond mit Wasser
auffüllen, aufkochen, mit angerührtem Mehl binden, Sauer-
rahm (saure Sahne) hinzufügen und abschmecken.
Durch Zugabe von Burgunder oder Madeira kann die Sauce
verfeinert werden.
Dazu Kartoffeln und verschiedene Buttergemüse reichen.

Heringssalat

250 g Kartoffeln
250 g Rote Rüben (Rote Bete)
250 g Äpfel
250 Gewürzgurken
250 g Matjesfilets
1 Zwiebel
¼ Teelöffel Salz
1 Teelöffel Senf
½ Teelöffel Zucker
2 Eßlöffel Apfelessig
5 Eßlöffel süßer Rahm (süße Sahne)
Ei in Scheiben, Petersilie

Die Kartoffeln ungeschält kochen und schälen. Rote Rüben
(Rote Bete) mit Schale etwa eine Stunde kochen, schälen.
Die Äpfel schälen. Rote Rüben (Bete), Äpfel, Gewürzgurken
und Matjesfilets würfeln. Die Zwiebel abziehen und hacken.
Anschließend mit Senf, Zucker und Essig verrühren, Schlag-
obers (Schlagsahne) beigeben und alles vermengen. Über
Nacht durchziehen lassen und mit Ei und Petersilie garnieren.

Pastete mit Kalbfleischragout

1 kg Kalbfleisch (von der Brust)
1 Zwiebel
60 g Butter
Salz, Pfeffer, Nelken, Petersilie
Mehl
heißes Wasser
Zitronensaft und Essig nach Belieben
Blätterteigpasteten (1 pro Person)

Man kann eine längliche Pastete in einer Kastenform
zubereiten, die dann in Scheiben aufgeschnitten wird, oder pro
Person eine Pastete anrichten. Diese kann man selbst backen
oder auf fertige, becherförmige Blätterteigpasteten (vom
Bäcker) zurückgreifen und diese füllen.
Für die Füllung wird das Kalbfleisch in kleine Stückchen
geschnitten und eine Zeitlang in kaltes Wasser eingelegt,
dann in heißes. Zwiebel und Petersilie hacken und in einem
Topf die Butter zerlassen, das Fleisch fest ausdrücken, alles
zusammen mit den Gewürzen aufsetzen und mit ein wenig
Mehl dämpfen. Dabei darauf achten, daß das Fleisch
möglichst hell bleibt. Zuletzt einen Schöpflöffel Wasser oder
Brühe, denen nach Belieben ein Schuß Essig oder Zitronensaft
beigefügt ist, hinzugeben und das Fleisch weich kochen.
Nach Belieben mit Schlagsahne (Schlagobers) verfeinern
und in die fertigen Pasteten geben oder in die mit noch zu
backendem Blätterteig ausgelegte Form.

Rote Grütze

500 g rote Ribisel (Johannisbeeren)
250 g schwarze Ribisel (Johannisbeeren)
250 g Himbeeren (oder entsteinte Kirschen)
150 g Zucker
¾ l Wasser, nach Belieben Saft einer Zitrone
(dann entsprechend weniger Wasser)
5 Eßlöffel Speisestärke

Die Früchte können je nach Saison ausgetauscht werden.
Es können auch Erd- oder Brombeeren verwendet werden.
Frisches Obst verlesen, von den Rispen ziehen bzw. entsteinen.
Die Früchte mit dem Zucker in einem Topf mischen und
soviel Wasser (mit Zitronensaft) angießen, daß sie gerade
bedeckt sind. Alles aufkochen. Die Fruchtmasse auf ein Sieb
geben, abtropfen lassen. Den Saft dabei auffangen und wieder
in den Topf geben. Etwas Saft abnehmen, abkühlen lassen
und damit die Speisestärke anrühren. Diese Mischung in den
übrigen Saft geben, alles aufkochen und unter Rühren
30 Sekunden weiterkochen lassen. Die Früchte wieder hinein-
geben und in eine kalt ausgespülte Schüssel füllen. Erkalten
lassen und mit eiskaltem Schlagrahm (Schlagsahne) oder
Milch, je nach Geschmack auch mit Vanillesauce oder einer
Kugel Vanilleeis servieren.

HEIRAT

„Bist Du dann vor aller Welt meine teure Haus-
frau und trägst meinen Namen, so werden wir im
stillen Glück für uns und ernster Thätigkeit für die
Menschheit unser Leben verbringen, bis wir die
Augen schließen müssen zum ewigen Schlaf und ein
Andenken, an dem sich jeder erfreuen muß, von
uns im Kreise der Unserigen überlebt.“

(FREUD – MARTHA BERNAYS, 4. 8. 1882)

Die mehr als vierjährige Verlobungszeit war eine der schwersten Prüfungen im Leben Sigmund Freuds: Er war getrennt von seiner Geliebten und ihrer Familie, vor allem der künftigen Schwiegermutter – er sprach diesbezüglich von einer „Interessenfeindschaft“ –, nicht unbedingt willkommen. Zudem befand er sich in finanzieller Bedrängnis und blickte in eine unsichere berufliche Zukunft. Wollte er Martha heiraten, so mußte er die finanzielle Grundlage dafür schaffen,

Das Hochzeitsessen fand in Hirschel's Hotel in der Hamburger Wexstraße statt.

und diese war, so machte ihm sein damaliger Chef Brücke unmißverständlich klar, durch reine Forschungstätigkeit nicht sicherzustellen. Hinzu kam, daß Freud für sich keine Aufstiegsmöglichkeit im Institut sah. So faßte er auch um Marthas willen den Entschluß, sich einer klinisch-ärztlichen Tätigkeit zu widmen, gegen die er sich bislang gesträubt hatte. Die Eheschließung, letztlich ermöglicht durch eine unerwartete Erbschaft der Braut, markierte das Ende dieser sehr schwierigen Lebensperiode.

Am 13. September 1886 heirateten Sigmund Freud und Martha Bernays standesamtlich im Rathaus von Wandsbek. Die Nächte des 12. und 13. September verbrachte Freud im Hause des Onkels Elias Philipp, dem die Aufgabe zufiel, den bekennenden Atheisten Sigmund Freud buchstäblich über Nacht die hebräischen Gebete zu lehren. Denn in eine jüdische Zeremonie mußte Freud notgedrungen einwilligen: Die amtliche Eheschließung allein wäre in Wien damals nicht anerkannt worden. Am 14. September 1886 traten die beiden unter die Chuppa, den traditionellen Hochzeitsbaldachin, und wurden vom Rabbiner Dr. Hanover getraut (Schütt 1991/97). Freud gab die Antworten des Bräutigams in hebräischer Sprache. Er war schlicht gekleidet, in Gehrock und Zylinder. Der festliche Akt fand an einem Dienstag statt, die Feier konnte also, so Freuds Kalkül und ganz im Sinne des Bräutigams, im kleineren Kreis im Hause der Brautmutter vollzogen werden, da viele Geladene an einem Wochentag erwartungsgemäß verhindert waren (Jones). Das Hochzeitsgeschenk des Bräutigams für die Braut war eine goldene Uhr, die er beinahe noch hätte versetzen müssen, um die Reisekosten nach Hamburg bestreiten zu können.

Am Hochzeitsessen in Hirschel's Hotel in Hamburg, Wexstraße 23, nahmen vierzehn Personen teil: neben dem Brautpaar die Brautmutter, die Geschwister der Braut, die Frau von Marthas Bruder, die gleichzeitig Freuds Schwester war, sowie vermutlich der Onkel Elias Philipp und seine Frau. Es fällt auf, daß von Sigmunds Familie, abgesehen von seiner in ihrer Eigenschaft als Schwägerin anwesenden Schwester, niemand zugegen war.

Ein Gedeck des norddeutschen Hochzeitsessens kostete 6 Mark 84 und bestand aus Gemüsesuppe, Pastete, Fischsalat, Rinderfilet mit Erbsen und Spargel als Beilagen, Gänsebraten und Kompott. Auf den Serviettenringen befand sich das Hochzeitsfoto des Brautpaares. Die Wahl des eher bescheidenen, in einem Mehrfamilienhaus gelegenen Hotels dürfte (neben vielleicht finanziellen) vor allem private Gründe gehabt haben. Marthas Familie war wahrscheinlich mit dem Inhaber Adolph Hirschel bekannt. Denn die Bernays lebten zeitweise in der Mühlenstraße 38, in der sich (Hausnummer 38/39) zuvor auch ein von den Hirschels geführtes Hotel befunden hatte. Weiter Gasthäuser wurden von den Hirschels Am Alten Wall 51 bzw. Kohlhöfen 36 betrieben. So geht die Verbindung zu den Wirtsleuten möglicherweise auch auf Marthas Großvater zurück (Hamburger Adreßbücher 1851–1876).

Die anschließende Hochzeitsreise ging nach Lübeck und Travemünde. Diese Region, die auch Gelegenheit bot, Lübecker Marzipan kennenzulernen, war Martha bereits von einer früheren Reise bekannt. „Sieh da, Lübeck! Soll man sich das gefallen lassen? Zwei einschichtige Mädchen in Norddeutschland reisen! Das ist ja Auflehnung gegen die männliche Prärogative, der Beginn der Erkenntnis, daß man ohne Mann nicht allein zu sein braucht. Ist Euch kein Abenteuer zugestoßen? Ich

hätte eine rechte Freude daran gehabt. So bleibt mir nichts übrig, als mich zu freuen, daß Du Dich in Lübeck so wohl befunden hast, was ich hiermit tue" (Freud – Martha Bernays, 12. 8. 1885).

Im September 1886 begann die über fünfzig Jahre während harmonische Ehe der Freuds. Die einzige heftige Meinungsverschiedenheit zwischen den Eheleuten in all den Jahrzehnten soll sich an der Frage entzündet haben, ob Herrenpilze (Steinpilze) mit oder ohne Stiel zubereitet werden sollten... (Jones 1960).

FAMILIENGRÜNDUNG

„Von fünf Uhr ab versagten die Wehen, das Kind rückte nicht vor, und Lott [Anm: der Geburtshelfer] entschloß sich endlich, als es um halb acht Uhr nicht besser war, mit der Zange nachzuhelfen. Martha war ganz einverstanden, gar nicht ängstlich und scherzte in jedem freien Moment mit ihren beiden Nothelfern und ihrem Leidensgenossen, das war ich, und ich bin so müde, als ob ich alles durchgemacht hätte. Um drei Viertel acht hatten wir also das Kind. Martha befand sich gleich sehr wohl, bekam einen Teller Suppe, freute sich ungeheuer, als sie das kleine Wesen sah, und wir waren beide mitten in der physischen und moralischen Zerstörung bei einem solchen Anlaß sehr glücklich. "

(FREUD – EMMELINE UND
MINNA BERNAYS, 16. 10. 1887)

Das Ehepaar Freud hatte drei Söhne und drei Töchter. Mathilde wurde 1887 geboren, ihr folgten Jean-Martin 1889, Oliver 1891, Ernst 1892 sowie Sophie und Anna 1893 bzw. 1895. Die Jungen benannte er nach von ihm bewunderten Persönlichkeiten, die Mädchen nach den Gattinnen von Freunden. Die ersten drei wurden noch in der Wohnung Maria-Theresienstraße geboren, die jüngsten drei kamen zur Welt, als die Familie schon in die Berggasse gezogen war.

Der junge Vater Sigmund Freud berichtete den Verwandten in Hamburg, wieviel „liebenswürdige Aufmerksamkeit von allen Seiten" seiner Frau zuteil werde, „wie oft Frau Breuer, Frau Hammerschlag, Paneth und andere hier waren, kann ich mir gar nicht merken", und jede bringe einen Strauß Rosen mit (Freud – Emmeline und Minna Bernays, 24. 10. 1887). Zur Ernährung der Freud-Säuglinge ist anzumerken, daß nicht alle sechs von der Mutter gestillt wurden. „Mit der Amme ist es so gegangen. Ihre Milch wurde immer weniger, dabei fraß sie haarsträuberische Quantitäten von allem möglichen, verdarb sich endlich, wurde elend, und das Kind bekam zu allem übrigen einen grünen Stuhl. Nur eine herzlose Tante kann dabei lachen" (Freud – Emmeline und Minna Bernays, 21. 10. 1887).

Martin hatte ebenfalls zeitweilig eine Amme. Diese sei von seinen Eltern (wie man behauptet, vergeblich) mit ausgewählten, nährstoffreichen Speisen bedacht worden, um die Qualität ihrer Milch zu gewährleisten (Martin Freud). Und Anna „säuft Gärtnersche Fettmilch"[2], teilte ihr Vater schließlich über die wenige Tage alte Letztgeborene mit (Freud – Wilhelm Fließ, 8. 12. 1895).

In den ersten Jahren bereiteten dem jungen

**Die Kinder der Familie Freud. V. l. n. r.:
Sophie, Oliver, Mathilde, Anna, Martin, Ernst. Um 1900.**

Vater nicht nur die Trinkprobleme der Säuglinge, sondern vor allem die vielen Krankheiten seiner Kinder große Sorgen. Mit fünf, sechs Jahren wäre seine älteste Tochter beinahe an Diphtherie gestorben. In der kritischen Phase der Krankheit fragte der verzweifelte Vater sein Kind, was es sich am meisten wünsche, und erhielt die Antwort: „Eine Erdbeere." Es war nicht die Jahreszeit für Erdbeeren, aber Freud trieb welche auf. Der erste Versuch des Mädchens, eine davon zu schlucken, löste einen heftigen Hustenanfall aus, der das gefährliche Diphtheriehäutchen vollständig entfernte, und am nächsten Tag war Mathilde auf dem Weg der Besserung. Die Erdbeere und ein liebevoller Vater hatten ihr vielleicht das Leben gerettet.

Amüsante Einblicke in das Familienleben mit den kleinen und heranwachsenden Kindern gibt die langjährige Korrespondenz Freuds mit seinem engen Freund Wilhelm Fließ. Neben beruflichen Belangen enthalten die Briefe immer wieder Anmerkungen über Frau und Kinder und schildern Reiseerlebnisse. In einem dieser Briefe schreibt Freud, an vergnüg-

[2] Geht zurück auf Gärtner, Gustav (1855–1937), Pathologe und Universitätsprofessor in Wien. Lieferte unter anderem wichtige Beiträge zur Ernährungslehre (Werk: Diätetische Entfettungskuren) und erfand zahlreiche Instrumente und Apparate (Tonometer für Blutdruckmessung, Ergostat, Stethophonometer u. a.)
aus: Österreichisches Biographisches Lexikon und Biographische Dokumentation, Ein Institut der Österreichischen Akademie der Wissenschaften

liche Tage anknüpfend: „Die Wohnung ist ein kleines Juwel an Sauberkeit, Einsamkeit und Aussicht, die Frauen und Kinder behagen sich sehr und sehen vortrefflich aus. Annerl wird geradezu schön vor Schlimmheit. Die Buben sind bereits zivilisierte und genußfähige Menschen. Martin ist ein komischer Kauz,

Sigmund Freud mit seiner Mutter Amalie und seiner Frau Martha in der Sommerfrische in Bad Aussee.

feinsinnig und gutmütig in seinen Privatverhältnissen, ganz in eine humoristisch phantastische Welt eingesponnen. Wir gehen z. B. an einer kleinen Höhle im Felsen vorüber. Er beugt sich hinab und fragt: Ist der Herr Drache zu Hause? Nein, nur die Frau Drachin. Guten Tag, Frau Drachin. Der Herr ist nach München geflogen? Sagen Sie ihm, ich werde ihn nächstens besuchen und ihm Bonbons mitbringen – der Name ‚Drachenloch‘ zwischen Salzburg und Berchtesgaden hat das veranlaßt“ (Freud – Wilhelm Fließ, 3. 7. 1899).

Martha, die liebste aus der Familie (Anton W. Freud 2000), und Sigmund Freud erzogen liberal und mit Respekt. Für die Interessen und Bedürfnisse ihrer Kinder zeigten sie meist Verständnis. Freud war kein strenger, sondern ein eher gutmütiger, nachgiebiger und verständnisvoller (Groß-)Vater. Überdies hat ihn sein Enkel Anton W. Freud als außerordentlich großzügig in Erinnerung: Der Großpapa gab stets üppig Taschengeld. Freud un-

terstützte seine Kinder – und Enkel –, wo immer er konnte, auch noch, als diese längst erwachsen waren. Aus seinen Briefen spricht eine besorgte Väterlichkeit und Güte gegenüber den Kindern In Konflikte scheint er wenig verwickelt gewesen zu sein, möglicherweise auch deswegen, weil er immer sehr mit Arbeit ausgelastet und dementsprechend wenig verfügbar war. Aber die täglichen gemeinsamen Mahlzeiten, die alljährlichen ausgedehnten Familienferien (mit Pilzesammeln) waren ihm heilig. Auch im Alltag war er, bedingt durch die räumliche Verknüpfung von Arbeits- und Lebensbereich, bei Bedarf zur Stelle und hielt sich über die Belange der immer größer werdenden Familie stets auf dem laufenden.

Freud war und blieb der Mittelpunkt seiner wachsenden Familie. Das sonntägliche Mittagessen gemeinsam mit den Eltern war auch in späteren Jahren ein Muß für die Kinder, wann immer es möglich war. Auf Freud selbst wurde mit den Jahren immer mehr Rücksicht genommen, und man paßte sich zunehmend seinem Rhythmus an. Martha kümmerte sich fürsorglich um ihn – sie soll ihm sogar die Zahnpasta auf die Bürste gestrichen haben –, die Haushälterin kochte vornehmlich das von ihm Gewünschte (Berthelsen 1987), und Minna bediente ihn bei Tisch mit Kaffee

(Roazen 1999). Es scheint, als hätte alle in ihrer Liebe und Hinwendung zu ihm gewetteifert. Freunde der Familie scherzten oft über die Bedeutsamkeit, mit der Martha und die sechs Kinder über alles sprachen, was den Vater betraf. So soll, als eines der Kinder eine Zeitlang von zu Hause abwesend war und von einem seiner Geschwister besucht wurde, die erste Bemerkung des eben Angekommenen gewesen sein: „Vater trinkt jetzt Tee aus der grünen Tasse anstatt aus der blauen" (Sachs 1950).

1909 heiratete Mathilde, die Älteste. Vier Jahre später ehelichte Sophie, die zweitälteste Tochter, den Fotografen Max Halberstadt und lebte fortan in Hamburg. Sophies Verlobung traf die Eltern Freud unvorbereitet. „Meine kleine Sophie, die wir für einige Wochen nach Hamburg beurlaubt hatten, kam also vor zwei Tagen heiter, strahlend und entschlossen zurück und machte uns die überraschende Mitteilung, sie habe sich dort mit Ihnen verlobt" (Freud – Max Halberstadt, 7. 7. 1912). Einer der Söhne von Max und Sophie, der frühverstorbene Heinerle, war Freuds Lieblingsenkel. Dessen Bruder Wolfgang Ernst Halberstadt ist der erste Enkel Sigmund Freuds. Er nannte sich nach dem Tod seines Vaters W. Ernest Freud und wurde ebenfalls Analytiker.

Wolfgang Ernst erlebte die Freud-Burlingham-Familie als eine Großfamilie mit eigener Kultur und eigenen Werten. Sie sei eine jüdische, aber keineswegs orthodoxe, sondern eine intellektuelle, gutbürgerliche Familie mit einem hohen Anspruch an Anständigkeit und Ehrlichkeit gewesen, erinnert er sich. Die Freuds wirkten großzügig und kulturell bewandert. Sie waren der Auffassung, man solle niemandem zur Last fallen, für sich einstehen, Verantwortung übernehmen und sich um Kompetenz bemühen. Jedes Familienmitglied hatte, so W. Ernest Freud weiter, dementsprechend seine Aufgabe bzw. seinen eigenen Aktivitätsbereich. Dabei respektierten sie sich gegenseitig, waren tolerant und „schienen optimale Distanz voneinander" gefunden zu haben. Das emotionale Klima sei überwiegend spannungsfrei gewesen. Niemand sprach laut, gab sich aggressiv, schlug mit der Faust auf den Tisch, knallte die Tür oder fluchte: undenkbar. Die Familie war gutmütig, stolz und kontrolliert, meint er. Die Atmosphäre im Haus soll insgesamt „alles wie ein Spiel" (Martin Freud 1958) erscheinen haben lassen. Alle nahmen Rücksicht aufeinander, so Martin Freud weiter: die sechs Geschwister teilten etwa eine Tafel Schokolade stets so, daß alle über Tage etwas davon hatten.

Das Türschild am Eingang zur Ordination. Ausschnitt aus einer Fotografie von Edmund Engelman, 1938.

DAS LEBEN
IN DER BERGGASSE 19

DIE WOHNUNG

„O mein teures Marthchen, wie arm sind wir! Wenn wir mitteilen sollten, wir wollen miteinander leben, und sie fragen uns: Was bringt ihr dazu mit? Nichts als daß wir einander liebhaben. Und sonst nichts? Wir brauchen doch zwei oder drei Zimmerchen, um darin zu wohnen und zu essen und einen Gast zu empfangen und einen Herd, auf dem das Feuer für die Mahlzeiten nicht ausgeht. Und was da alles drinnen sein soll. Tische und Stühle, Betten, Spiegel, eine Uhr, die die Glücklichen an den Lauf der Zeit erinnert, ein Lehnstuhl für eine Stunde behaglicher Träumerei, Teppiche, damit die Hausfrau leicht den Boden rein halten kann, Wäsche mit zierlichen Bändern gebunden im Kasten und Kleidchen von neuem Schnitt und Hüte mit künstlichen Blumen, Bilder an der Wand, Gläser für alltägliches Wasser und festlichen Wein, Teller und Schüsseln, eine kleine Vorratskammer, wenn uns plötzlich der Hunger oder ein Gast überfällt, ein großer Schlüsselbund, der hörbar klirren muß, und es gibt so viel, woran man sich freuen kann, die Bücherei und das Nähtischchen und die vertrauliche Lampe, und alles muß in gutem Stand gehalten werden, sonst sträubt sich die Hausfrau, die ihr Herz in kleine Stückchen geteilt hat, für jedes Gerät eines. Und dies Ding muß von der ernsten Arbeit zeugen, die das Haus zusammenhält, dies andere von Kunstsinn, von teuren Freunden, an die man sich gerne erinnert, von Städten, die man gesehen, von Stunden, die man gerne zurückrufen möchte. Dies alles, eine kleine Welt von Glück, von stummen Freunden und Zeugen edler Menschlichkeit, es muß alles erst kommen, es ist noch das Fundament des Hauses nicht gelegt, nur zwei arme Menschenkinder sind da, die sich so unsagbar liebhaben. "

(FREUD – MARTHA BERNAYS, 18. 8. 1882)

Die Räume in der Berggasse 19, in denen Freud berühmte Patienten wie „Dora" (1900), den „Rattenmann" (ab 1907) und den „Wolfsmann" (1910-1914 und 1919) analysierte und seine Schriften verfaßte, wurden zum Schauplatz und zum Ausgangspunkt einer weltweiten Entwicklung: der Psychoanalyse.

Freud lebte und arbeitete seit September 1891 in der Berggasse 19, einer Straße unweit des Universitätsviertels, wo er bis zum 4. Juni 1938 bleiben sollte. Martha, die die Familie lieber in einem Villenviertel gesehen hätte, soll nach einer ersten Besichtigung der Wohnung entsetzt gewesen sein.

zwei Patienten machte er davon regen Gebrauch. Oft begegnete er seinen Kindern auch kurz auf dem Flur (Roazen 1999). Ein weiterer Umbau ermöglichte es den Patienten, nach der Stunde hinauszugehen, ohne wieder das Wartezimmer betreten zu müssen, so daß sich selten zwei Patienten trafen und die Diskretion gewahrt blieb (Jones 1960).

Die Praxiswohnung Freuds war eine typische

Links: Das Wohnzimmer der Familie Freud in der Berggasse 19. Um 1910. Mitte: Das Kopfende der berühmten Couch in Freuds Sprechzim

Zu spät – Freud hatte den Mietvertrag schon unterschrieben (Clark 1981). Zunächst befanden sich die Arbeitsräume im Parterre; diese Räume gab Freud 1908 auf und übernahm für den Praxisbetrieb die Wohnung seiner Schwester Rosa neben seiner eigenen im ersten Stock. Nun hatte die Familie die ganze Etage für sich. Zwischen beiden Wohnungen wurde ein Durchbruch gemacht, so daß er direkt vom Arbeits- in den Privatbereich gelangen konnte. In den wenigen Minuten zwischen

Bürgerwohnung des Wien der Jahrhundertwende und für damalige Verhältnisse eher konservativ als modern ausgestattet. Sie zeugte von moderatem Wohlstand, aber nicht von Reichtum. Die meisten Einrichtungsgegenstände, darunter die berühmte Couch, befinden sich heute im Freud Museum in London. Einige andere, etwa das Wartezimmermobiliar, wurden 1971 nach der Einrichtung des Sigmund Freud Museums in die Berggasse zurückgebracht.

In dem schmalen, mit einer hellen hölzernen Wandverkleidung ausgestatteten Flur des Praxistrakts befanden sich die Haken für die Garderobe, ein Korbstuhl und ein kleiner Tisch als Ablage. Eine der Türen führte vom Flur ins Wartezimmer mit einem Fenster zum Garten. Dieser Raum war mit einem dunkelroten Dreisitzersofa und einigen Sesseln möbliert. In der Mitte des Zimmers stand ein Tisch. An den mit dunklen Rankenmustertape-

Madame Benvenisti, einer dankbaren Patientin, geschenkt worden war, war von einem Perserteppich, granatroten Samtkissen, einem Kopfkissen und einer Nackenrolle mit weißleinenem Bezug bedeckt. Hinter der Couch hing ein Wandteppich, ein weiterer Perser lag auf dem Boden davor. Am Kopfende der Couch, gegenüber dem Fenster zum Garten, stand ein Sessel nebst Fußbänkchen für Freud. In Regalen und auf einem Tischchen befand sich

ografie von Edmund Engelman, 1938. Rechts: Das Eßzimmer der Familie mit Blick auf die Berggasse. Fotografie von Edmund Engelman, 1938.

ten bespannten Wänden hingen Urkunden, Zeugnisse und Fotos. Die Tür links im Wartezimmer führte in Freuds Behandlungszimmer. Zwischen Warte- und Sprechzimmer hatte Freud Doppeltüren anbringen lassen, die mit Filz gefüttert und beidseitig mit schweren Vorhängen versehen waren. Damit war hinreichend sichergestellt, daß Gesprächsinhalte vertraulich blieben. Auf der berühmten Couch nahmen die Analysepatienten Platz. Diese Liegestatt, die Freud um 1890 von

Freuds umfangreiche Sammlung antiker Figuren. Eine Tür führte vom Behandlungszimmer direkt in den Flur. Dieser Tür gegenüber war der Durchgang zu Freuds Arbeitszimmer, in dem er meistens, vor allem abends und auch zwischen den Analysestunden, tätig war. An allen Wänden dieses Raumes reihten sich Bücher bis zur Decke. In Vitrinen standen antike Figuren, Skulpturen, Vasen und Schalen. Der Schreibtisch war mit vielen kleinen Figuren dekoriert.

Links vom Eingangsflur befanden sich Schlaf- und Arbeitszimmer Anna Freuds, das Eß- und das Wohnzimmer der Familie sowie Minnas Wohnzimmer. Während Annas Räume mit Schreibtisch, Bücherregal, Karteischrank, Tisch und Stühlen sowie einer Fotografie ihres Vaters eher funktionell eingerichtet waren, schmückten Minnas Zimmer verzierte Lampen, eine Kommode, ein Schränkchen mit orientalischem Porzellan, dekorative Gemälde an den Wänden, Blumen, Spitzendecken und eine Obstschale. Das Wohnzimmer der Familie mit Sofa, Sesseln und Stühlen wurde, wie damals in bürgerlichen Häusern üblich (vgl. Mettele 1996), nicht unbedingt täglich genutzt, sondern hatte die repräsentative Funktion eines Salons. Das Speisezimmer, dekoriert mit Blumen, selbstgehäkelten Spitzengardinen und -decken und einer Vitrine mit Tierfiguren aus Glas und Porzellan, war der tägliche Lebensmittelpunkt der großen Familie. Teegeschirr und Kompottschalen standen stets für den täglichen Gebrauch bereit (Berthelsen 1987). Im Eßzimmer befand sich auch das Telefon, Nummer 18170, ein Kommunikationsgerät, dessen Benutzung Freud zeitlebens unangenehm war.

ALLTAGSABLAUF

„Ich sehe ein Küchenmädchen mit einigen Dutzend aufgetürmter Teller den Korridor entlang zum Speisezimmer schreiten. Die Porzellansäule in ihren Armen scheint mir in Gefahr, das Gleichgewicht zu verlieren. ‚Nimm dich in acht‘, warne ich, ‚die ganze Ladung wird zur Erde fallen.‘ Natürlich bleibt der obligate Widerspruch nicht aus: man sei dergleichen schon gewohnt usw., während dessen ich noch immer mit Blicken der Besorgnis die Wandelnde begleite. Richtig, an der

Türschwelle erfolgt ein Straucheln, – das zerbrechliche Geschirr fällt und rasselt und prasselt in hundert Scherben auf dem Fußboden umher. Aber – das endlos sich fortsetzende Getön ist doch, wie ich bald merke, kein eigentliches Rasseln, sondern ein richtiges Klingeln; – und mit diesem Klingeln hat, wie nunmehr der Erwachende erkennt, nur der Wecker seine Schuldigkeit getan.“

(AUS: DIE TRAUMDEUTUNG, DIE WISSENSCHAFT-
LICHE LITERATUR DER TRAUMPROBLEME)

Freud mußte spätestens gegen sieben Uhr aufstehen, was ihm nie leichtfiel, denn er arbeitete bis spät in die Nacht und schlief wenig. Er nahm morgens ein Bad, und während er frühstückte, warf er einen Blick in die Zeitung, die *Neue Freie Presse*. Anschließend empfing er allmorgendlich seinen Friseur, der ihn barbierte und kämmte. (Er stellte dabei sicherlich gewisse Ansprüche, wie die folgende Notiz aus seiner Junggesellenzeit vermuten läßt; während seines Studienaufenthaltes in Berlin schrieb er am 19. März 1886 an Martha: „Ich ging im begründeten Mißtrauen gegen Berliner Künste zum allerersten Friseur, Hoffriseur, Unter den Linden, zahlte eine Reichsmark, und der Kerl, der aussah wie ein Minister, hat mich schlecht behandelt. Ich finde das nicht schön.“)

Unterdessen reinigte das Hausmädchen das Arbeitszimmer, in dem noch der Qualm der nächtens gerauchten Havannas hing. Die Stubenmädchen hatten sich neben den Zimmern auch die Kleidung Freuds vorzunehmen: ausbessern, bürsten und reinigen, lüften. Freud trug stets maßgeschneiderte Anzüge, meist mit Weste, und war diesbezüglich eitel. Um die Jahrhundertwende bevorzugte er dunkle Anzüge, Hemden mit niedrigem weißem Kragen, einen schwarzen Binder und breitkrempige Hüte. Auch während der Sprechstunden trug der Professor keinen Kittel, sondern einen Gehrock, den er außerhalb der Praxis selten anlegte. In späteren Jahren kleidete er sich vorwiegend in Anzüge aus schwerem englischem Tweed. Freud besaß nie mehr als drei Anzüge und drei Paar Schuhe. Er sei, so seine Tochter Anna, allem abhold gewesen, was das Leben kompliziert. Dennoch war seine Kleidung immer vornehm und korrekt, aber nicht elegant oder modern. Auch äußerlich wirkte Freud dadurch – wie der „Wolfsmann", einer seiner berühmtesten Patienten, später schrieb – sehr „gewinnend". (Martin Freud erinnerte sich an nur eine Situation, in der er seinen Vater nachlässig gekleidet gesehen habe: als eines Nachts, geweckt durch einen lauten Knall, Vater Freud – im weißen Bademantel „wie ein Beduine" – in das Zimmer seines verängstigten Kindes kam, um nach dem Rechten zu sehen.)

Sigmund Freud legte Wert auf elegante, maßgeschneiderte Anzüge und war nie nachlässig gekleidet. Aufnahme um 1906.

Pünktlich um 13 Uhr – „wie bei Herrschaften üblich" – setzte man sich an den Mittagstisch. Es war die Hauptmahlzeit der Familie (Martin Freud 1958). Die Hausmädchen trugen auf. Stets gab es drei Gänge: Suppe, Fleisch mit Gemüse und ein süßes Dessert, meist Mehlspeisen, etwa Apfelstrudel. Saisonale Spezialitäten wie Spargel,

Maiskolben oder italienische Artischocken (Martin Freud 1958) ergänzten den Speiseplan. Während des Essens erzählten die Kinder von Vorkommnissen aus der Schule und Planungen für den Tag. Nach der Mittagspause arbeitete Freud bis zum späten Abend mit Patienten oder an Manuskripten.

Heute würde man Freud angesichts seines Arbeitspensums wohl einen „workaholic" nennen. In Wien gab es seine Arbeit und sonst nicht viel. Seine Lebensweise – und sogar in gewisser Hinsicht seine Persönlichkeit – während der etwa zehnmonatigen Arbeitsperiode in Wien war anders als in den langen Sommerferien. Dieser Rhythmus von intensiver Arbeits- und Ferienperiode blieb über viele Jahre unverändert und war damit sehr typisch für Sigmund Freud und seine Umgebung. Dennoch verlief das Leben der Familie in der Berggasse nicht hektisch und betriebsam, sondern in besonderer Weise harmonisch und ausgeglichen. Es wurde viel gescherzt, und alles lief „wie auf Rädern" (Jones 1960). Martha Freud hatte die Organisation um Kinder und Haushalt im Griff, und die Familie hatte ihr Leben rücksichtsvoll ganz auf Freud, ihr „teures Oberhaupt" (Martha), und seine Arbeit ausgerichtet.

HAUSHALTSFÜHRUNG

Die häuslichen Belange unterstanden Frau Freud. Martha entsprach vollkommen dem Bild einer städtischen jüdischen Mutter und Ehefrau aus dem Bildungsbürgertum der Jahrhundertwende. Sie übte keinen Beruf aus und hatte für die Haushaltsführung Dienstboten zur Verfügung, die sie einwies und anleitete. Sie ging in ihren Aufgaben auf, widmete sich der Erziehung ihrer Kinder und war bestrebt, ihrem Mann den Rücken freizuhalten.

Im Gegensatz zu ihrem Mann war Martha gottgläubig. Die Enkelin eines Rabbiners wuchs streng religiös auf. In ihrem Elternhaus feierte man das Sabbatfest, und die Regeln des *Kaschrut* wurden befolgt. Die Hochzeit bedeutete für Martha einen Bruch mit ihren jüdischen Glaubensgewohnheiten. Im Hause Freud in der Berggasse wurde nicht koscher gekocht. Martha hätte ihr Haus gern orthodox geführt, wie sie es von Kindheit an gewohnt war; sie konnte diesen Wunsch aber nicht durchsetzen und ordnete sich ihrem Mann unter.

Die Hanseatin achtete auf eine unverfälschte und solide Küche. Dabei vermied sie allzu Ausgefallenes oder Exotisches (Berthelsen 1987). Sie berücksichtigte die Wünsche

Seite aus dem Kochbuch
Deutsche Kochschule.

Dieses Kochbuch machte Freud 1933
seiner Köchin zum Geschenk.

ihres Mannes und, in den Jahren seiner Krankheit, dessen spezielle Bedürfnisse. In den ersten Jahren ihrer Ehe versuchte sie so schnell wie möglich die Zubereitung der Gerichte zu erlernen, mit denen Sigmund Freud von seiner Mutter Amalie verwöhnt worden war. Von Sigmunds tschechisch-jüdischem Ursprung blieb in kulinarischer Hinsicht beispielsweise eine Vorliebe für deftig-ländliche Speisen. Entsprechende Rezepte fand Martha in ihren Kochbüchern.

Freud schenkte seiner Frau das Kochbuch *Deutsche Kochschule, Sammlung von erprobten Speisevorschriften,* 1894 herausgegeben vom Ausschuß der deutschen Kochschule in Prag, das im Haus Freud bis zum Tode Annas 1982 in Gebrauch war. Zunächst kochte Martha danach Fleischgerichte und Knödel, Hasenschnitten, Fisch und Süßspeisen wie Striezel, Nockerln und Kaiserschmarren. Ab 1900 wurde es auch von der tschechischen Köchin Frau Bader benutzt. Diese hielt sich ab 1933 zusätzlich an das Kochbuch *Après souper;* Freud hatte es ihr als Geschenk überreicht, um die Küche des Hauses durch einige internationale Spezialitäten zu bereichern. Darin fand die Köchin Anleitungen für Backwerk, Käsespeisen, Kompotte, Sülzen, Eingemachtes und Getränke. Sie be-

STEFANIE MATHIAS

Zum

APRÈS SOUPER

333 Rezepte

für

Kleines Backwerk, Crèmes, Eis, Käsespeisen, Kompotte, Jams, Sulzen, eingemachte Früchte, Speisen zum Tee, Drinks

Künstlerischer Buchschmuck
von A. F. Seligmann

1932

FIBA-VERLAG / WIEN-LEIPZIG

reitete vornehmlich das von Freud Gewünschte zu. Die Wunschkost für Freud war später auch dadurch begründet, daß er üppiges Essen zunehmend schlechter vertrug; er litt jahrelang an Magen-Darmproblemen.

Die Freuds verfügten, damals für eine bürgerliche Familie nicht ungewöhnlich, über mehrere Hausangestellte. Sie beschäftigten eine „Herrschaftsköchin" (Martin Freud 1958), das heißt eine Köchin, die nicht außerhalb der Küche tätig war, dazu ein Hausmädchen, das servierte und Gäste, Besucher und Patienten empfing, eine Gouvernante für die Betreuung der älteren Kinder und ein Kindermädchen für die Jüngsten sowie eine Aufwarte- und Reinemachefrau für die groben Haushaltstätigkeiten (Martin Freud 1958). Die Gehilfinnen arbeiteten gern im Hause Freud. Fast alle blieben zehn oder mehr Jahre und kamen später zu feierlichen Gelegenheiten, etwa der Hochzeit der ältesten Tochter, eigens angereist (Sachs 1950).

1929 stieß Paula Fichtl zu den Freuds. Sie hatte als Küchenmädchen im Haus einer Gräfin Blome die Feinheiten der österreichischen Küche und die Gaumenfreuden der „feinen Leute" kennengelernt, womit sie später auch die Freuds

Paula Fichtl kam 1929 zur Familie Freud und blieb bis zum Tod Anna Freuds der „gute Geist" des Hauses.

Handgeschriebenes Rezept von Paula Fichtl.

und ihre Besucher verwöhnte. Mit bestem Zeugnis von der Gräfin und nach einer Tätigkeit im Haushalt einer Baronin Imhof war Paula 1926, mit vierundzwanzig Jahren, nach Wien gekommen und Kindermädchen bei Dorothy Burlingham-Tiffany, der späteren Gefährtin Anna Freuds, geworden. Die New Yorkerin aus dem Juwelier-Clan Tiffany zog zwei Jahre nach Paulas Dienstantritt in das Obergeschoß des Hauses Berggasse 19. Als Dorothys vier Kinder keines „Fräuleins" mehr bedurften, vermittelte sie Paula eine Stelle als Hausmädchen bei ihren Nachbarn. 1929 stellte Paula sich dort, ein Stockwerk tiefer, vor. Sie sollte der Familie über fünfzig Jahre, bis zum Tode Anna Freuds 1982, verbunden bleiben.

Paula putzte, servierte und half in der Küche. Gekocht wurde zunächst noch von Frau Bader, die den Haushalt ca. 1933 verließ, als es nicht mehr opportun war, bei Juden in Stellung zu sein. Nun oblag die Küche ganz der treuen Paula Fichtl, die dort schon lange zur Hand ging. Sie hielt sich an ihre eigenen Kochkünste, Marthas Kochbuch und die Anweisungen ihrer Chefin. „Frau Professor", wie sie sie nannte, notierte die jeweils neuen Varianten böhmischer Spezialitäten und Schmankerln der wohlhabenden Wiener Gesellschaft. Martha Freud achtete auf eine perfekte und geschmacklich abgerundete Zubereitung der Speisen und pflegte die Zutaten, oft gemeinsam mit ihrer Schwester Minna, täglich selbst einzukaufen (Clark 1981), um sicherzugehen, daß alles frisch und preiswert war, was sie kochen ließ. Paulas besondere Spezialität blieben österreichische Spezialitäten und Gebäck. Selbst Patienten bot sie – ohne Freuds Wissen – immer wieder etwas an, damit sie „sich stärken, bevor S' zum Professor gehen", erzählt Berthelsen. Freud erfuhr erst davon, als er durch einen Patienten auf die liebenswürdige „Halbpension" in seiner Praxis angesprochen wurde, und war entrüstet.

Zum Haushalt gehörten immer auch Hunde: Freud mit den beiden Chow-Chows Jofi und Lün in der Ferienwohnung auf der Hohen Warte in Wien. 1933.

diese zum exakt richtigen Augenblick serviert wurden. Martha Freud war es wichtig, daß die Dienstmädchen zufrieden, aber auch kompetent und zuverlässig waren und die Vorstellungen der Frau des Hauses von Stil und Tischkultur umzusetzen wußten.

Entscheidend war auch, daß das Aufgetischte von guter Qualität war. Man war kritisch, wenn es nicht den Erwartungen entsprach. Die Suppe etwa hatte immer sehr heiß zu sein. Später, als Freud Mundkrebs hatte, wurde darauf geachtet, daß er sie erst bekam, wenn sie etwas abgekühlt war. Das Fleisch, das zart und nicht zäh zu sein hatte, wurde nach allen Regeln der Kunst tranchiert. Der jeweilige Familienhund war beim Essen dabei und lag während der Mahlzeiten zu Füßen des Professors. Freud fütterte die Hunde bei Tisch und stellte ihnen gelegentlich, Marthas Einwänden zum Trotz, seinen eigenen Teller auf den Boden. Betteln durften sie jedoch keinesfalls. Zu den Hunden hatte Freud eine sehr persönliche Beziehung, und er behandelte Tiere mit all der Höflichkeit, die er Menschen zukommen ließ (Clark 1981). Seine Enkelin Sophie Freud erinnert sich gut, daß die Hunde häufig auch den „besten Schinken" bekamen (Sophie Freud 1999).

BEI TISCH

Die Mahlzeiten wurden von der Familie gemeinsam eingenommen. Das Essen hatte „Struktur und Ritual" (W. Ernest Freud 1987): Der Tisch war perfekt gedeckt, die Gänge erschienen in verläßlicher Reihenfolge. Martha und Sigmund Freud legten sehr viel Wert auf die „unwienerisch" pünktliche (Jones 1960) und regelmäßige Einnahme der Mahlzeiten und erwarteten, daß

LYNNIE'S MENUE

Fütterung – Milch und dunkles Toastbrot, 2 Tropfen
Heilbuttöl oder 1 Teel. Lebertran, Kalcium-Phos-
phattabletten;
Fütterung – 2 Unzen gekochtes Hackfleisch oder
Fisch;
Fütterung – 2 Unzen gekochtes Hackfleisch oder
Fisch, Gemüse (keine Fasern);
Fütterung – einfacher Kuchen oder Biscuit, Milch
(von Anna Freud verfaßte Fütterungsanweisung für
den Hund)

Martha Freud achtete bei ihren Kindern und später ihren Enkeln stets auf vorbildliche Tischmanie-
ren und gesittetes Benehmen (Jones 1960). Dem
widersprach nicht, daß Freud, wenn er aus der Praxis zum Essen in die Wohnung kam, seine Jüngste
mit komischen Tierlauten zu begrüßen pflegte
(Sachs 1950), bei Tisch leicht zu amüsieren war
und manchmal Witze erzählte. Fehlte jemand beim
Familienessen, dann pflegte er mit Messer oder
Gabel stumm auf den freien Stuhl zu weisen und
dabei seine Frau am anderen Ende des Tisches fra-
gend anzusehen. Sie erklärte dann, wo das jeweilige Kind geblieben war, wonach er schweigend wei-
teraß. Über das, was in der Familie vor sich ging,
wollte er stets auf dem laufenden gehalten werden.
Und obwohl er sich nicht aktiv beteiligte, entging
ihm kein Wort der Konversation bei Tisch.
Während der Mahlzeiten war er schweigsam und
konzentrierte sich auf das Essen. Dies entsprach
seiner Art und war später auch eine Folge seiner
Kieferschmerzen. Dieses Schweigen war für Fremde mitunter irritierend und brachte sie in Verlegen-
heit. Besucher sprachen während des Essens daher
mehr mit der Familie. Martin, einer der Söhne,
hatte allerdings den Eindruck, als ob Gäste seines
Vaters nur notgedrungen Konversation mit seiner

Mutter und den Kindern machten: Man interessierte sich nur für den großen Freud.

VORLIEBEN UND ABNEIGUNGEN

Wurden Gäste erwartet, nahm man nach Möglichkeit Rücksicht auf deren besondere kulinarische
Vorlieben und Abneigungen. Die Familienmitglieder stellten ihre Bedürfnisse dann zurück. Sigmund Freud etwa aß selbst niemals Karfiol (Blumenkohl) oder Geflügel, genauer Huhn. Er habe,
so sein Sohn Martin, mitunter gesagt: „Man sollte
keine Hühner umbringen, laßt sie leben und Eier
legen." Dennoch gab es durchaus auch Huhn,
wenn Gäste kamen, die das Federvieh schätzten.
Diese Gefälligkeit wurde beispielsweise der Baronin Ferstl und ihrem Mann, mit denen die Freuds
freundschaftliche Beziehungen unterhielten, zuteil
(Martin Freud 1958). Und den Enkeln zuliebe
wurde oft ein Suppenhuhn aufgetischt (Anton W.
Freud 2000).

Umgekehrt widerfuhr Freud eine solche Rück-
sichtnahme auf seine Vorlieben und Abneigungen
seitens seiner Gastgeber nicht immer. Melanie, die
Frau seines Freundes Oscar Rie, servierte ausgerechnet die Speisen, die er überhaupt nicht mochte: „Melas Menu war leider kärglich, Blumenkohl
und Hühner, beide mir in tiefster Seele verhaßt,
nichts von den Erfrischungen und Neuigkeiten der
Saison; meine Frauenzimmer behaupten immer, sie
habe einen deutlichen Zug von – Zurückhaltung in
ihren Bewirtungen" (Freud – Wilhelm Fließ,
25. 5. 1899). Freud soll zwar, wie Jones sagte, einen „derartigen Widerwillen gegen Geflügel und
Blumenkohl" gehabt haben, daß er die Familien
mied, bei denen man ihm diese Speisen vorgesetzt
hatte, aber bei engen Freunden scheint er Ausnah-
men gemacht zu haben, denn er besuchte die Ries

auch noch, obwohl sie seinen Geschmack wiederholt nicht trafen: „Gestern abends war ich nach langer Zeit wieder einmal bei Oscar und Melanie. Zu einer Taro[c]kpartie nämlich [...] Dem Nachtmahl – Karfiol und Hühner, beides mein Abscheu – hatte ich mich glücklich entzogen" (Freud – Wilhelm Fließ, 27. 10. 1899).

Auch im Zusammenhang mit der alljährlichen Urlaubsplanung spielte das Huhn-Blumenkohl-Problem offenbar eine Rolle. In einem Brief schrieb er im Zusammenhang mit dem Sommerurlaub in Rebenburg: „Also wir haben eine Sommerwohnung, dank Mama's Energie, und ich bin nur zufrieden, daß es nicht Ischl oder Reichenau ist (Huhn u Blumenkohl)" (Freud – Meine Lieben, 14. 6. 1930).

So wenig er Blumenkohl schätzte, so gern mochte er Beerenobst und Pilze. Für beides hegte er eine große Leidenschaft. In den Sommerferien ging er mit seinen Kindern regelmäßig Beeren pflücken und Pilze sammeln, weil er ihnen zwei Dinge unbedingt vermitteln wollte: Tarockspielen und Pilzkundigkeit. Für Pilzgerichte habe die „Frau Professor" jedoch häufig lieber „Schwammerln" gekauft; allzu groß war ihr Vertrauen in die Pilzkundigkeit ihres Mannes offenbar nicht – oder die Ausbeute doch zu gering (Berthelsen 1987). Neben Pilzen und Beeren liebte Freud auch italienische Artischocken (Martin

Pfanne von Herrenpilzen

Die Herren- oder Steinpilze sind ziemlich selten geworden, aber von Mai bis September erhältlich. Sie schmecken am besten, wenn sie, nachdem sie in Zitronenwasser gewaschen und geputzt wurden, in einer heißen gußeisernen Pfanne ohne oder mit nur sehr wenig Fett, am besten mildem Olivenöl, gebraten und nur mit Pfeffer und Salz gewürzt werden.
Die „Stielfrage" bleibt zu entscheiden...
Die so zubereiteten Pilze eignen sich gut zur Abrundung von Suppen und Saucen.
Verfeinern kann man die Pilze mit ein paar Speck- oder Schinkenwürfeln und einem Klecks süßem Rahm (Sahne) oder Crème fraîche. Dann passen sie gut zu Pasta, etwa Tagliatelle.
Man kann die Pilze auch erkalten lassen, um sie, in einer Vinaigrette mariniert, mit Rucola-, Feld- oder anderen Blattsalaten zu reichen.

Freud 1958) ganz besonders, die es, je nach Saison, so häufig wie möglich gab. Freuds Lieblingsgericht, Rindfleisch, wurde drei- bis viermal die Woche serviert, immer mit unterschiedlichen Saucen. Die Köchin kannte mindestens sieben Zubereitungsarten, so Martin Freud. Besonders gern aß Freud Zwiebelbraten (Jones 1960). Auch Rostbraten schmeckte ihm sehr gut. „Meine Lieben! Es geht, Alex hat mir die Feder gereinigt, bis der Rostbraten mit Salat [...] kommt, habe ich Zeit Euch die Ereignisse des Tages zu beschreiben" (Freud – Familie Freud, 20. 4. 1905). Sein Lieblingsdessert war Eis. Eiscreme und Gebäck sind es auch, die er in bezug auf Olmütz, wo er sich kurz vor der Hochzeit wegen einer Militärübung widerwillig aufhielt, hervorhob: „Ich liege hier kurz angebunden in dem Saunest – es fällt mir keine andere Bezeichnung ein – und streiche schwarzgelbe Fahnen an. [...] Das einzig Erträgliche in Olmütz ist ein großstädtisches Café mit Eis, Zeitungen und gutem Gebäck" (Freud – Josef Breuer, 1. 9. 1886).

Im Ersten Weltkrieg war es als Folge von Engpässen in der Versorgung mit Lebensmitteln nicht immer möglich, das Gewünschte zuzubereiten. Auf das geliebte Rindfleisch mußte häufig verzichtet werden, deswegen gab es, so Jones, meist nur eintönige, dünne Gemüsesuppen. Jedes Familien-

Zwiebelbraten

4 Steaks (Zwischenrippenstück)
200 g Zwiebeln, in Ringe geschnitten
300 g Karotten (Möhren), tourniert
300 g Sellerie, tourniert
300 g Lauchzwiebeln
150 g Rotweinsauce
400 g gekochte Kartoffeln vom Vortag
Rindsuppe (Brühe)
Salz, Pfeffer, Mehl, Paprikagewürz

Die Fleischstücke vorbereiten, flach klopfen und würzen.
Gemüse blanchieren und in Eiswasser abschrecken.
Die Kartoffeln grob reiben und in einer heißen Pfanne mit
wenig Öl goldbraun braten. Die Steaks von beiden Seiten
anbraten, herausnehmen und in derselben Pfanne das
Gemüse schwenken, mit Brühe ablöschen und mit Rotwein
aufgießen. Die Zwiebeln in der Mehl-Paprika-Mischung
wenden und in heißem Öl fritieren. Fleisch anrichten,
Sauce dazu und Zwiebeln daraufgeben.

Unter den häufig servierten Rindfleischgerichten (es gab sie zwei- bis
dreimal pro Woche) liebte Freud besonders Zwiebelbraten, den die Köchin auf
verschiedene Arten zuzubereiten wußte.

mitglied brachte einen Großteil seiner Energie
dafür auf, genügend Nahrungsmittel zu organisieren. Als Sigmund Freud während des Krieges einen Beitrag für ein ungarisches Journal schrieb, tat
er dies für einen Sack Kartoffeln – im Krieg mehr
wert als Geld. Diese Arbeit blieb in der Familie als
der „Kartoffelschmarren" in Erinnerung (Young-
Bruehl 1994). Ein Glas Marmelade, das Anna von
einem ihrer Schüler geschenkt bekam, bereicherte
Weihnachten 1917 den Speisezettel (Young-Bruehl
1994). Als Anna mit ihrem Vater 1918 in Budapest
weilte, waren in Wien die Naturalien noch knapp,
während es in Levys Garten in Budapest jede
Menge frisches Obst und Gemüse gab, und Kata
Levy erinnerte sich, wie sie zusammen mit Anna
damals einige Vorräte einkochte (Roazen 1999). Es
waren vor allem Kollegen, Verwandte in England,
Bekannte in Holland und andere Freunde der Familie, die über die Misere hinweghalfen. „Sie sind
wirklich das leichtsinnigste meiner Familienmitglieder. Zweitausend Mark haben Sie mir bereits
geborgt, tausend meiner Schwägerin, die ihre
Schulden auch nur in Kronen bezahlen kann, die
Finanzierung von Ernst haben Sie übernommen,
bis er seinen Gehalt in englischen Pfund beziehen
kann, Sie schicken Lebens- und Arbeitsmittel (Zigarren) in Quantitäten, die wir nicht gerne um-
rechnen wollen, und sind noch immer damit nicht
zufrieden. Ihr letztes kostbares Geschenk ist übrigens verunglückt, Mathilde wollte gar nicht, daß
ich Ihnen davon schreibe. Ihr Koffer ist einen Tag
nach ihr angekommen und war dann von allem Eß-
baren und Rauchbaren entleert, alles andere intakt
geblieben, eine Auswahl, die auf eine wohlbe-
herrschte Eisenbahnerbande schließen läßt. Zwei
schöne Würste, für die ich Liebermann und Har-
nik verbunden bleibe, befanden sich im Hand-
gepäck" (Freud – Max Eitington, 2. 12. 1919).

ARBEIT

*„Ich arbeite mit meinen Patienten täglich mit Aus-
nahme der Sonntage und der großen Festtage, also
für gewöhnlich sechsmal in der Woche. Für leichte
Fälle oder Fortsetzungen von weit gediehenen Behandlungen reichen auch drei Stunden wöchentlich
aus. "*

(AUS: ZUR EINLEITUNG DER BEHANDLUNG, WEITERE
RATSCHLÄGE ZUR TECHNIK DER PSYCHOANALYSE)

Freuds Leben lief mit einer „uhrwerksgenauen Regelmäßigkeit" (Roazen 1999) und straff organisiert
ab. Wenn er nicht gerade an einem Manuskript arbeitete, empfing er nach dem Frühstück regelmäßig fünf Patienten. In den neunziger Jahren war
die Praxisauslastung noch schwankend. Manchmal
hatte Freud sechs Sitzungen pro Tag, manchmal
auch zehn bis zwölf (Clark 1981). Die meisten seiner Psychoanalyse-Patienten stammten aus dem intellektuellen Mittelstand bzw. den oberen Schichten; Verhältnisse, die sich auch bezüglich der heu-
tigen Klientel kaum geändert haben. „Schwierige
Menschen... Die san mit Depressionen ins Haus
kommen und genauso deprimiert wieder hinaus-
gangen", war der Eindruck der Haushälterin Paula
Fichtl von den Patienten ihres Chefs (Berthelsen
1987).

Eine Analysesitzung bei Professor Freud dau-
erte fünfundfünfzig Minuten. Dabei lagen die Patienten auf der Couch, er saß am Kopfende auf einem Sessel, außerhalb des Blickfeldes der Analysanden – weil er es nicht ertragen konnte, ange-
starrt zu werden, soll er dazu gesagt haben. Der
Familienhund war bei vielen Sitzungen dabei und
lag zu Freuds Füßen. Martin Freud behauptete,
sein Vater habe nie auf die Uhr zu sehen brauchen,
um zu wissen, wann die Analysestunde vorüber

war: Wenn der Hund aufstand und gähnte, war die Zeit um. Der Hund war nicht das einzige Tier, das mitunter bei den Analysen lauschte: Lou Andreas-Salomé gibt in ihrem Tagebuch *In der Schule bei Freud* die Episode von der „narzißtischen" Katze wieder, die während einer Stunde durch das offene Fenster ins Zimmer eingedrungen sei und Freud erweichte: „da schmolz sein Herz und er ließ sogar Milch bringen."

Freud hatte ausgesprochen viele ausländische Patienten. Der mehrsprachige Gelehrte konnte mühelos folgen, wenn ein Analysand französisch oder englisch redete. Dennoch drängte er solche Klienten, Deutsch zu sprechen oder zu erlernen (Roazen 1999). Aus linguistischer Sicht soll die deutsche Sprache der Bearbeitung tiefenpsychologischer Probleme auch besonders entgegenkommen (Goldschmidt 1999). Gleichwohl war er oftmals auf die englische Sprache angewiesen, denn er hatte viele amerikanische Patienten, mitunter über Jahre, die er dann auch auf Englisch behandelte.

In den dreißiger Jahren, auf dem Gipfel seines Ruhms, konnte er für eine Sitzung 25 inflationssichere Dollars erhalten. Allerdings nahm er auf die wirtschaftliche Situation seiner Patienten Rücksicht. Er soll einem Analysanden einmal das Honorar erlassen haben, weil er den Eindruck hatte, dieser solle lieber wieder einmal ordentlich essen. Freud ließ sich sein Honorar bei jeder Konsultation in bar bezahlen. In den Fünfminutenpausen zwischen zwei Analysen eilte er oft kurz in die Privatwohnung, um zu hören, was es im Hause Neues gebe und um nach den Kindern zu sehen.

Auf den im Laufe des Vormittags eintreffenden Postboten wartete Freud, der intensive Korrespondenz pflegte, immer voller Ungeduld. In Zeiten mit wenig Patienten arbeitete er auch tagsüber an seinen Briefen und Schriften. Nach dem Mittagessen, das er, wie alle Mahlzeiten, mit der Familie einnahm, machte er ein kurzes Nickerchen – auf der Analyse-Couch. Häufig unternahm er auch einen Spaziergang in seinem Viertel. So ergab sich die Gelegenheit zu kleinen Einkäufen und Erledigungen: Er erstand etwa antike Figuren für seine Sammlung, brachte seinem Verleger Manuskripte oder füllte seinen Zigarrenvorrat auf. Freud schätzte edle Sorten wie Havannas (W. Ernest Freud) oder Trabuccos (Sachs 1950), aber nicht nur die. „Von den Zigarren will ich noch mitteilen, daß die kleinen – Perle – sich recht gut bewährt haben. Mein Vorrat ist nicht mehr groß. Wenn der Berchtesgadener die Soberanos nicht liefern kann, so bin ich bereit, die einmal als Ersatz angebotene recht gute Reina Cabana anzunehmen" (Freud – Max Eitington, 21. 4. 1931).

Nachmittags servierten die Dienstmädchen den Familienmitgliedern oft noch eine Kaffeejause auf ihren Zimmern, bevor jeder wieder seiner Beschäftigung nachging. Erst mit 65 Jahren gestattete Freud sich den Luxus einer zusätzlichen Tasse Kaffee um fünf Uhr (Jones 1960). Ab drei Uhr empfing er wieder fünf, sechs Stunden lang Patienten oder arbeitete an Manuskripten, Lektüre und Korrespondenz. Diese Tätigkeiten setzte er nach dem Abendessen und einem eventuellen weiteren Spaziergang fort. Meist arbeitete er ab neun Uhr – und bis in die späte Nacht – wieder an Manuskripten, aber es kam auch vor, daß er bis zehn Uhr Analysen durchführte. Mitunter, bemerkte der Psychoanalytiker Sachs, beendete Freud einen langen Tag in seinem Arbeitszimmer mit dem Legen einer Patience.

Dieser Alltagsablauf blieb während der jeweils neun- bis zehnmonatigen Arbeitsphasen über Jahre konstant. Zur diesbezüglichen Routine und

„Arbeit und Scirocco hatten mich so elend gemacht,
daß ich mit den zwei Frauen zum Ancora verde gegangen bin,
in einer Flasche Barolo Kräftigung zu suchen" (Freud an Wilhelm Fließ, 16. 1 1899).
Auch bei den abendlichen Tarockrunden wurde Rotwein kredenzt.

Pflicht gehörten auch Freuds samstägliche Vorlesung an der Universität und regelmäßige Zusammenkünfte im Rahmen beruflicher Interessengemeinschaften und Arbeitskreise.

Neben dem „Geheimen Komitee", einem später entstandenen Zusammenschluß, ist die berühmte „Psychologische Mittwoch-Gesellschaft", Vorläufer der „Wiener Psychoanalytischen Vereinigung", wohl die bekannteste Gruppierung der „Freudianer". Sie war die erste psychoanalytische Diskussionsrunde überhaupt. Die Teilnehmer trafen sich, auf Einladung Freuds per Postkarte, anfangs im Wartezimmer seiner Praxis in der Berggasse 19 (Mühlleitner und Reichmayr 1997). Zu den ersten Mitgliedern gehörten Wilhelm Stekel, Alfred Adler, Rudolf Reitler und Max Kahane.

Erstmalig 1902 und fortan jeden Mittwoch um halb neun fand die regelmäßige Sitzung des Kreises statt. 1908 beschlossen die Beteiligten, sich den Namen „Wiener Psychoanalytische Vereinigung" zu geben. Im April 1908 hielt die Gruppe ihren ersten Kongreß im Hotel Bristol in Salzburg ab. Zu informelleren Treffen in Wien kamen die Mitglieder der Mittwoch-Gesellschaft eine Zeitlang auch im Café Korb (zitiert nach Winterstein in Tögel 1996) in den Tuchlauben zusammen.

„Uns begegnen lustige Zufälle: beim ersten Pensionsuchen stoße ich auf Dr. Jekels; er benachrichtigt mich vom grade heute fälligen Kollegbeginn Freuds; Freuds Wohnung, wo ich mir die

---

Rotweinkuchen

250 g Butter, 250 g Zucker,
250 g Mehl, 4 Eier
150 g zartbittere Schokoladenkuvertüre,
1 Teelöffel Kakaopulver,
2 Eßlöffel Vanillezucker,
1 Päckchen Backpulver,
⅛ l Rotwein

Butter, Vanillezucker und Zucker schaumig rühren. Nacheinander alle Eier zugeben und weiter schaumig rühren. Nach und nach die feingeriebene Kuvertüre, das Mehl, das Backpulver und den Rotwein unterrühren. Ein Backblech mit Backpapier auslegen und den Teig nicht ganz bis Randhöhe aufstreichen. Im auf 200° vorgeheizten Backofen etwa 25 bis 30 Minuten backen, bis sich eine zarte Kruste gebildet hat. Auf dem Blech auskühlen lassen und mit Staub-(Puder-)zucker und einem Hauch Kakao bestreuen. Dazu paßt eine Kugel Zimteis oder mit ein wenig Anis und Chilipfeffer aromatisierte Vanillesauce.

Einlaßkarte hole, erweist sich als in allernächster Nähe; das Auditorium in der Psychiatrischen Klinik, das ich in der Universität suche, sogar fast vor der Tür des von uns erwählten Zitahotels. Und wenige Schritt weiter das Restaurant von Freudianern nach dem Kolleg und auch sonst: die Alte Elster. – Das ist ein anheimelnder Anfang", berichtete Lou Andreas-Salomé von ihrer Ankunft in Wien im Oktober 1912.

Der „offizielle" Sitzungssaal der „Wiener Psychoanalytischen Vereinigung" befand sich später in der Berggasse 7, wo von 1936 bis 1938 nicht nur der Sitz der Vereinigung, sondern auch der des Internationalen Psychoanalytischen Verlages war.

Die behandelten Mittwoch-Themen aus Wissenschaft und Kultur waren unterschiedlich. Unter der Ägide des Kunstkenners Otto Rank etwa debattierte man über das gerade uraufgeführte Stück *Griselda* von Gerhart Hauptmann, der seinerseits zu den ersten Lesern der *Traumdeutung* Freuds gehört hatte (Cremerius 1995). Neuerschienene Bücher wurden besprochen, historische Gestalten untersucht, Fallmaterial vorgetragen und theoretische Fragen aufgeworfen. Bei der ersten Zusammenkunft der Mittwoch-Gesellschaft wurde die Psychologie des Rauchens behandelt. Sicherlich aus gegebenem Anlaß: Die Herren des „Raucherkollegiums" (Salber 1999) trafen sich stets nach dem Nachtmahl zu schwarzem Kaffee, Keksen und etlichen Zigarren. Stunden später, wenn die Sitzung beendet war, begleitete Freud seine Gäste auf dem Heimweg. Dabei kehrte die Gruppe meist noch in ein Café ein, wo heftig weiterdiskutiert wurde (Clark 1981).

In privater Atmosphäre wurden auch die verlegerischen Arbeiten erledigt. Einmal wöchentlich empfing Freud den Kollegen Rank, oft gemeinsam mit Hanns Sachs, zum Abendessen. Im Anschluß daran wurden stundenlang eingeschickte Artikel besprochen und die nächsten Ausgaben der Zeitschrift *Imago* vorbereitet. Selbstverständlich stand Freud auch dank seiner Kongreß- und Vortragsreisen sowie auf individueller Ebene in Kontakt mit zahlreichen internationalen Kollegen, die sich in der Psychoanalyse profilierten. Regelmäßig traf er sich mit ihnen auch zum fachlichen Austausch im Rahmen von Arbeitsessen in öffentlichen Lokalitäten, in seinem Haus oder denen seiner Gesprächspartner. So erfuhr er etwa im Juli 1883 weite Teile der Krankengeschichte von Anna O., einer der berühmtesten Patientinnen aus der Frühzeit der Psychoanalyse, als er sich mit seinem Freund und Kollegen Breuer „in Hemdsärmeln zum Abendessen" zusammensetzte (Freud – Martha Bernays, 13. 7. 1883). Breuer, der in der Bäckerstraße 7, später Brandstätte 7 wohnte, war ihm ein väterlicher Freund, unterstützte ihn finanziell und vermittelte ihm Patienten. Freud wurde ein viel- und gerngesehener Gast bei ihm und seiner Frau Mathilde. Im Haus der Breuers verkehrte er zeitweise wie ein Familienmitglied. Die besagte Nachtmahlzeit könnte sich also tatsächlich so abgespielt haben:

„Breuer gab den Versuch eines Nickerchens auf und schlenderte in die Küche, um nach dem Stand der Essensvorbereitungen zu sehen. Wohl wußte er, daß Freud sich gern ausgiebig in der heißen Wanne aalte, er selbst jedoch wollte das Nachtmahl gern hinter sich bringen, um noch Zeit für die Laborarbeit zu haben. Er klopfte an die Badezimmertüre. ‚Sigmund, wenn Sie soweit sind, kommen Sie doch ins Studierzimmer. Mathilde erlaubt uns, dort in Hemdsärmeln zu speisen.' Freud trocknete sich rasch ab, zog die bereitgelegte frische Wäsche an, stopfte seine getragenen Sachen in den Wäschekorb und eilte hinaus, um Breuer und Mathilde beim Richten der Tabletts und beim Auftragen zu helfen. Als er die Küchentüre aufstieß, deren Fenster ganz beschlagen war, empfing ihn der köstliche Duft einer mit Gerste angedickten Selleriesuppe. [...] Er folgte Breuer ins Studierzimmer, einen hohen dunkel getäfelten Salon mit einem hohen, von schweren braunen Samtportieren gerahmten Fenster. [...] Im hinteren Winkel des Zimmers hatte Louis [Anm.: das Hausmädchen] auf einem Biedermeierspieltisch mit gedrechselten, alternierend schwarz und gold lackierten und sich nach unter hin spindlig verjüngenden Beinen bereits Platten mit kaltem Backhendl, Krautsalat, Kümmelstangen und Giesshübler Sauerbrunn' abgestellt" (aus: I. D. Yalom. *Und Nietzsche weinte.* Roman).

Später wurden Freud von seinen Anhängern große Essen ausgerichtet, etwa anläßlich der Veröffentlichung der Arbeit *Totem und Tabu:* Jones berichtete, daß Freud zu Ehren am 13. Juni 1913 im Restaurant auf dem Konstantinhügel im Prater ein Diner gegeben worden sei, das als „Totemfest" bezeichnet wurde.

WOCHENENDE

Im von intensiver Arbeit geprägten Alltagsablauf Sigmund Freuds gab es am Wochenende ein paar Unterbrechungen: die Tarockrunde am Samstag, der Besuch bei seiner Mutter am Sonntagmittag sowie der Empfang von Freunden, Verwandten und internationalen Gästen in der Berggasse.

Freud war ein begeisterter, wenn auch nicht exzellenter Tarockspieler;
jeden Samstagabend fand sich entweder in der Freud-Wohnung, im Café Landtmann
oder bei Bekannten eine Freundesrunde zusammen, die diesem
besonders in Mittel-Osteuropa beliebten Kartenspiel frönte.

Seit den neunziger Jahren spielte er regelmäßig jeden Samstag das besonders in Mittel- und Osteuropa beliebte Kartenspiel Tarock. Mit diesem Ritual hatte um 1890 Freuds Studienfreund, der Augenarzt Leopold Königstein, begonnen. Möglicherweise hatte Königstein mit seinem Ansinnen bei Sigmund Freud offene Türen eingerannt, war dieser doch schon durch seine Mutter „vorbelastet": Amalie Freud verbrachte die Nachmittage in ihren Sommerferien in Ischl nicht nur in den Tee- und Kaffeestationen des Ortes, sondern war ihrerseits eine leidenschaftliche Tarock- und Pokerspielerin, berichtete Judith Heller Bernays, eine ihrer Nichten. Ernest Jones, Freuds Biograph, erinnerte sich, daß Amalie während ihrer Kuraufenthalte oft noch spät in der Nacht, wenn andere Damen längst im Bett waren, beim Kartenspiel gesessen sei.

Seitdem Freud zur Tarockrunde gehörte, war der Samstagabend dafür reserviert. Nur selten versäumte er die vergnügliche Entspannung, die Tarock ihm bedeutete. Gewöhnlich fuhr er direkt nach seiner Universitätsvorlesung vom Spital zu den Königsteins. Freud spielte zwar nicht selten außerhalb des Zuhauses – er soll des öfteren nach der Ordination für eine Partie auch ins Café Landtmann (Chronik Café Landtmann 1998) eingekehrt sein –, war aber ebenso selbst Gastgeber seiner heißgeliebten Tarockrunde. Seine Schwägerin Minna war eine ständige Mitspielerin dabei. Bekannte und Freunde wie Oscar Rie, der Kinderarzt der Familie, die Ärzte Katan, Rosenberg und der Chirurg Julius Schnitzler – der Bruder Arthur Schnitzlers – ergänzten die Runde. In späteren Jahren stieß auch Freuds Sohn Martin regelmäßig dazu, wie aus Freuds Tagebuchaufzeichnungen hervorgeht. Um Geld wurde nicht gespielt. Freud soll ohnehin kein sehr erfolgreicher Spieler gewesen sein, aber konzentriert bei der Sache (Berthel-

sen 1987). Seinen Tarockpartnern ließ er meist Kaffee und Kekse servieren, später am Abend kredenzte er eine Flasche Rotwein.

Wer zur samstäglichen Tarockrunde gehörte, war in den privatesten Kreis um Freud vorgestoßen. Er wählte die Mitspieler mit Bedacht aus, nicht jeder durfte teilnehmen. So habe er es zu einer Zeit, als seine Schülerin Prinzessin Marie Bonaparte längst allabendlich mit ihren Kindern bei der Familie Freud zu Gast war, ja praktisch zur Familie gehörte (Gay 1989), abgelehnt, mit ihr Karten zu spielen und diese Weigerung mit den Worten „das ist zu intim" begründet (Bertin 1989).

Häufig klagte Freud am Sonntagmorgen über „Magenverstimmungen", wohl weil er am Vorabend mit den Tarockpartnern zu üppig gespeist hatte. Unpäßlichkeit hielt ihn jedoch nicht vom Besuch bei seiner Mutter ab, die sich freute, ihn „verhätscheln und verwöhnen" (Judith Bernays Heller 1956) zu können: An den Sonntagvormittagen war das Wohnzimmer von Amalie Freud der wöchentliche Treffpunkt der Söhne, Töchter, Schwiegerkinder, Enkel und Urenkel. Der Sonntag, der Tag, an dem gewöhnlich keine Patienten kamen, war auch der Tag, an dem sich spätvormittags – vor dem Besuch bei der Mutter – Freunde in der Berggasse einfanden. Im Laufe des Tages statteten die Kindeskinder ihren Großeltern stets einen Besuch ab, wie Martins Sohn Anton Walter in einem Interview berichtet (Anton W. Freud 1999). Die Enkelkinder kamen „jede Woche am Sonntag morgen mit ihrem Fräulein zu Besuch", bestätigt auch Martins Tochter Sophie (Sophie Freud 1995). Am Nachmittag empfing Martha Freud Gäste: Ihre Freundinnen Anna Lichtheim, Berta Hammerschlag, Frau Professor Königstein, das Ehepaar Rosanes usw. kamen zu Kaffee, Tee und Kuchen.

Wenn jemand dabei war, der ihn interessierte, setzte Freud sich ein paar Minuten dazu, ließ im übrigen aber die Damen unter sich. Er bevorzugte auch den Sonntag, wenn er internationale Gäste und Besucher empfangen wollte: dann hatte er am meisten Zeit. Über einen solchen in der Berggasse verbrachten Sonntag schrieb Lou Andreas-Salomé in ihrem Tagebuch: „Am Teetisch sprachen wir von der Unterscheidung zwischen Abnormitäten (die ungeheuerlich weit gehen können) und Neurosen; [...] Später in seinem Zimmer: über den Konflikt zwischen Therapie und Forschung."

Unter besonderen Umständen – Behandlungen von weither angereister Patienten oder solcher aus dem Freundeskreis – analysierte der Professor auch am Sonntag. So

Sigmund Freud mit seinen Enkeln Heinerle (links) und Ernst Wolfgang Halberstadt, Sophies Kindern.

arbeitet er zeitweise nur einmal wöchentlich mit Annas Freundin Eva Rosenfeld, und zwar sonntags, wenn Dorothy und Anna am Nachmittag zusammen weggegangen waren (Roazen 1999). Einmal wöchentlich, meist am Samstag oder Sonntag, kamen gewöhnlich auch Freuds Mutter und Geschwister zum Essen in die Berggasse, erzählte die Nichte Judith. Nach einem solchen Dinner zog sich Freud unverzüglich in sein Arbeitszimmer zurück. Wenn seine Mutter oder eine der Schwestern noch mit ihm unter vier Augen sprechen wollten, mußten sie ihm folgen

Wochenendausflüge unternahm die Familie selten. Während der Arbeitsperiode des Jahres war Freud überwiegend auf die Straßen Wiens beschränkt. Er nahm selten die Straßenbahn, um einen Abstecher in die Umgebung zu machen, obwohl er sehr gern auf dem Land war. Der Sonntag bot vielmehr eine gute Gelegenheit, sich den künstlerischen Lustbarkeiten der Stadt hinzugeben. Freud besuchte dann die Wiener Kunstgalerien und nahm dazu gern seine Kinder mit, um sie an die musischen Hochgenüsse heranzuführen – und auch, weil er die Ansprüche seiner Familie an ihn nicht ignorierte. Die mit derlei Unternehmungen verbundenen Spaziergänge verstand er ebenfalls kurzweilig zu gestalten, indem er die Kleinen mit Witzen oder amüsanten Anekdoten unterhielt. Sein Sohn Martin wußte von einer solchen zu erzählen. Mit der Geschichte vom „Kaffeekränzchen von des Teufels Großmutter" erklärte sein Vater das Vorhandensein von hohen Schornsteinen und anderen gen Himmel ragenden Bauten: Eines Tages, so habe Freud fabuliert, flog die alte Dame mit einem riesigen Tablett voller Gefäße, Tassen, Becher und Untertassen unterschiedlichster Art über Wien. Plötzlich ergriff ein heftiger Windstoß das Tablett, wirbelte es hoch und der Großmutter aus der Hand. Das Kaffeegeschirr fiel, und die vielen einzelnen Teile verteilten sich auf die Dächer der Stadt, wo sie haften blieben.

FREIZEIT

*„Ab und zu habe ich etwas von dem ‚tollen' Hoff-
mann [Anm: gemeint ist hier das Märchen* Klein
Zaches, genannt Zinnober] *gelesen, toll phantasti-
sches Zeug, hie und da ein hübscher Gedanke. So legt
einmal eine Fee der Braut einen Halsschmuck an,
der die Kraft besitzt, daß sie nie über einen Fettfleck
im Kleid oder eine verdorbene Suppe ärgerlich wird.
Ist das nicht lustig?"*

(FREUD – MARTHA BERNAYS, 26. 6. 1885)

Freizeit hatten die Freuds eher wenig: Er arbeitete
sehr viel, und auch sie war mit Haushalt und Kindern vollauf beschäftigt. Bei sechs Kindern waren
die freien Stunden in der Berggasse jahrelang vornehmlich von deren Bedürfnissen und Wünschen
geprägt. Gesellschaftsspiele wie „Halma" oder
„Mensch ärgere dich nicht" waren ein beliebter
Zeitvertreib in der Familie (W. Ernest Freud
1987). Häufig ging es im Hause turbulent zu,
denn die Kinder luden ihre Spiel- und Schulkame-
raden oft in ihr Elternhaus ein, und von Zeit zu
Zeit arrangierte Frau Freud eine Einladung oder
eine Kindergesellschaft. Zu Kindergeburtstagen
kamen bis zu zwanzig kleine Gäste (Gay 1989).
Der in dieser Zeit unweigerlich kindorientierte Alltag erschwerte das Wahren von eigenen und gemeinsamen Interessen. Die Geistesverwandtschaft
des Paares, etwa beim Austausch über Literatur,
trat im Laufe der Jahre in den Hintergrund. Dies
war möglicherweise enttäuschend für Freud (Theweleit 1990), denn er hatte Marthas diesbezügliche Neigungen begrüßt und in einem Brief an sie
vom 23. Juli 1882 beiläufig mit dem Gedanken an
eine künftige schriftstellernde Betätigung seiner
Frau gespielt. Auch die Begeisterung für eine der
liebsten Urlaubsbeschäftigungen ihres Mannes,

das Bergwandern, teilte Martha nicht (Freud –
Wilhelm Fließ, 20. 8. 1893). Die Psychoanalyse,
deren Erforschung sie in bezug auf die eigenen
Kinder nicht unterstützen wollte (Freud – Wilhelm
Fließ, 8. 2. 1897), interessierte sie ebenfalls we-
nig, doch wußte sie wohl in groben Zügen, worum
es sich dabei handelte. denn Freud machte in sei-
nen Briefen gelegentlich Anspielungen auf seine
Schriften, in einer Weise, die voraussetzte, daß
Martha darüber Bescheid wußte (Jones 1960).

In den knappen Mußestunden widmete Freud
sich gern seiner Antiquitätensammlung und der
umfangreichen Korrespondenz. Er war ein sehr
fleißiger Briefschreiber und war unnachsichtig,
wenn jemand seiner Briefschuld – ein Antwort-
schreiben – nicht umgehend nachkam. Im Briefe-
schreiben überschnitten sich abermals berufliche
und private Belange: Er tauschte sich mit Kollegen
– etwa mit Fließ – über Ideen aus, fügte Informa-
tionen über die Familie oder auszurichtende Grüße
an. Am liebsten setzte Freud sich in seiner Freizeit
mit einem Buch ins Wohnzimmer. Agatha-Chri-
stie-Krimis und solche von Arthur Conan-Doyle
mit Sherlock Holmes soll er mitunter in einer
Nacht verschlungen haben. Er bevorzugte die
klassische Literatur, Wilhelm Busch und englische
Dichter: Thackeray, Dickens und Milton.

Auch Martha Freud las gern. Sie liebte deutsche Klassiker wie Goethe, Uhland oder Heine
Bildbände und Biographien. Auch auf diese Weise,
und nicht nur in kulinarischer Hinsicht, verfolgte
sie die Gepflogenheiten bei Hofe. (Die Kinder des
deutschen Kaisers sollen ihr beispielsweise ein Vorbild für die Ausstattung und die Frisur ihrer Jungen gewesen sein, wie ihr Sohn Martin später
meinte.) Frau Freud gönnte sich die Zerstreuung
durch Lektüre jedoch nur abends. Tagsüber
untätig zu sein und sich zu vergnügen war in ihren

Augen „unschicklich". Noch im hohen Witwenalter rechtfertigte sie sich auf eine entsprechende Frage, ja, sie lese sehr gerne, aber nur abends! Wenn sie nicht las, beschäftigte Martha sich mit Handarbeiten wie Häkeln; diese Vorliebe teilte sie mit allen weiblichen Familienmitgliedern. Während des Ersten Weltkriegs wanderten etliche der kunstvollen Schöpfungen

Minna (links) und Martha Bernays. Aufnahme Mitte der achtziger Jahre. Die unverheiratete Minna lebte bei der Familie Freud und war zeitweilig auch Reisegefährtin des Professors.

aus dem Hause Freud zur Inhaberin der Tabakhandlung, in der der Professor seine Zigarren kaufte: Es galt das Herz der Geschäftsfrau zu erweichen und ihm so eine Extraration zu verschaffen (Sachs 1950).

Martha und Sigmund Freud waren eher häuslich und gingen, auch aus Zeitmangel, selten gemeinsam aus. In bezug auf Oper und Konzert mag eine Erklärung sein, daß Sigmund Freud nach eigenem Bekunden eher unmusikalisch und für Musik wenig empfänglich war, obwohl ihn die Werke Mozarts oder Mahlers, wie auch die Chansons Yvette Guilberts, sehr beeindruckten. Seine nicht unbefangene Einstellung zur Musik offenbarte sich aber schon in jungen Jahren: Weil ihn das Klavierspiel seiner achtjährigen Schwester bei seinen Studien störte, verlangte er, das Instrument müsse fort – tatsächlich wurde es abgeschafft, berichtete Anna Freud Bernays. Und so kam es, daß Freud,

seine Geschwister und später seine eigenen Kinder ohne musikalische Ausbildung aufwuchsen. Hausmusik, typisch für eine Familie des Bildungsbürgertums, spielte in der Freudschen Erziehung eine eher unbedeutende Rolle. Minna, die Schwester von Sigmunds Frau, pflegte jedoch entsprechende Interessen. W. Ernest Freud erinnert sich, daß seine Großtante gern Radio hörte, ein Grammophon sowie viele Schallplatten, vorwiegend Opern, aber auch Schlager, besessen habe. Jedoch seien die Geräte auf Wunsch seiner Tante Anna in die hinterste Ecke der Wohnung verbannt worden, damit der Professor nicht gestört würde. Zeitgemäße Klänge scheinen aber nicht völlig an Freud vorübergegangen zu sein: in einem seiner Briefe (Freud – Familie Freud, 22. 9. 1907) spielte er auf einen seinerzeit aktuellen Operettenschlager an. Und seine Schwester Anna erzählte, ihr Bruder habe oft Wiener Volkslieder bei der Arbeit gesummt, „obwohl er keine Melodie halten konnte". Freuds Unbehagen bei akustischer Berieselung war im allgemeinen jedoch so groß, daß er sich, wenn er ein Restaurant oder einen Biergarten betrat, in dem eine Musikkapelle spielte, die Ohren zuhielt und seinem Gesicht einen leidenden Ausdruck gab (Jones 1960).

Offenkundig ist Freuds Affinität zum Theater,

das er zweifellos auch mit Martha besuchte. Er erinnert in einem Brief aus Paris auch an einen solchen Abend in Hamburg: „Was ich gestern gemacht habe, weiß ich kaum mehr. Ich hatte Migräne vom Theaterabend am Siebzehnten. Du mußt wissen, sie spielen von acht bis zwölf Uhr nachts! in einer kaum zu übertreffenden Hitze. [...] wirklich schändliche Taubenlöcherlogen, seitlich auf der letzten Galerie, wo man zwar das Bewußtsein hat, allein zu sein, aber nicht viel mehr. Denk nur an unseren Hamburger Theaterabend..." (Freud – Martha Bernays, 19. 10. 1885). Zwar war das Ehepaar mit den Jahren weniger unternehmungslustig, aber Freud bezog immer wieder Anregungen für seine Arbeit aus seiner Beschäftigung mit den Künsten, so auch dem Theater. Martha Freud scheint kulturelle Unternehmungen und intensives gesellschaftliches Leben mehr vermißt zu haben als ihr vielbeschäftigter und später kranker Mann. Die heranwachsenden Kinder, die sich auch häufig mit ihren Freunden zum Tanztee trafen, nutzten die Gelegenheit zu kultureller Zerstreuung oft. Wenn die Töchter ins Theater gingen, traf Freud sie im Rahmen seines abendlichen Spaziergangs meist an einem bestimmten Laternenpfahl in der Nähe des Gebäudes, um sie nach Hause zu begleiten (Jones 1960). Gelegentlich kehrten Vater und Töchter dann noch kurz in ein Lokal ein, etwa ins Café Landtmann, das elegante und legendäre Kaffeehaus neben dem Burgtheater.

Freud kam am ehesten auf Reisen dazu, Kulturveranstaltungen wie Theater und Oper zu besuchen, und vermittelte dann der Familie brieflich seine Eindrücke. „Gestern waren wir nach dem Diner sogar im Theater, eine neue patriotische Operette zu sehen. Da war mir etwas zu viel, vielleicht habe ich auch den Kaffee im Zwischenakt nicht vertragen. Aber jetzt – vor dem Lunch – bin ich wieder fidel", schrieb er aus Rom (Freud – Martha Freud, 20. 9. 1912).

Sogar ins Kino verschlug es ihn andernorts. Jones schreibt über einen Tag, den er 1909 mit Freud in New York verbrachte: „...und nachher besuchten wir ein Kino, wo wir einen jener primitiven Filme voll wilder Verfolgungen sahen, wie sie damals im Anfang der Kinematografie üblich waren. [...] Freud jedoch schaute nur stillvergnügt zu." Letzterer hatte jedoch nicht erst in Amerika die neuen Lichtspielvergnügen kennengelernt, wie folgende Passage aus einem Italien-Brief aus dem Jahre 1907 zeigt: „Auf der Piazza Colonna, hinter der ich wohne, wie Ihr wißt, versammeln sich jeden Abend ein paar Tausend Menschen. Die Abendluft ist wirklich köstlich, Wind ist in Rom kaum bekannt; hinter der Säule ist ein Gerüst für Militärmusik, die also jeden Abend spielt und am anderen Ende des Platzes wird auf dem Dache eines Hauses eine Leinwand aufgezogen, auf welcher eine ‚Societa Italiana di Fotoreclami' Bilder projiziert. Eigentlich Reklamen, aber um das Publikum zu bestechen, sind zwischen zwei Annoncen immer Bilder eingeschoben von Landschaften, Kongonegern, Gletscherbesteigungen und so weiter. Das würde aber nicht hinreichen, somit wird die Langeweile durch kurze kinematographische Vorführungen unterbrochen, wegen welcher sich die großen Kinder, und Euer Vater mit dabei, die lahmen und eintönigen Photographien ruhig gefallen lassen. [...] Bis neun Uhr pflegt so der Zauber zu wirken, dann fühle ich mich doch zu einsam im Gewühl und gehe auf mein Zimmer, um Euch zu schreiben, nachdem ich eine Flasche frischen Wassers bestellt habe. Die anderen, die zu zweien oder zu ‚undici dodici' [Anm: Titel eines damals bekannten Operettenschlagers] lustwandeln, bleiben solange Musik und Lichtbilder anhalten" (Freud – Familie Freud, 22. 9. 1907).

Über das Trinken

„Es ist leicht zu zeigen, daß die Träume häufig den Charakter der Wunscherfüllung unverhüllt erkennen lassen, so daß man sich wundern mag, warum die Sprache der Träume nicht schon längst ein Verständnis gefunden hat. Da ist z. B. ein Traum, den ich mir beliebig oft, gleichsam experimentell, erzeugen kann. Wenn ich am Abend Sardellen, Oliven oder sonst stark gesalzene Speisen nehme, bekomme ich in der Nacht Durst, der mich weckt. Dem Erwachen geht aber ein Traum voraus, der jedesmal den gleichen Inhalt hat, nämlich, daß ich trinke. Ich schlürfe Wasser in vollen Zügen, es schmeckt mir so köstlich, wie nur ein kühler Trunk schmecken kann, wenn man verschmachtet ist, und dann erwache ich und muß wirklich trinken. Der Anlaß dieses einfachen Traumes ist der Durst, den ich ja beim Erwachen verspüre. Aus dieser Empfindung geht der Wunsch hervor, zu trinken, und diesen Wunsch zeigt mir der Traum erfüllt."

(aus: Die Traumdeutung, Der Traum ist eine Wunscherfüllung)

„Jede Spur Alkohol macht mich übrigens ganz dumm." *(Freud – Wilhelm Fließ, 16. 4. 1896)*

„Ich habe sechs Flaschen sehr guten Wein von Paneth bekommen, die nach Hause wandern werden, zum Teil aber auch hier im Zimmer von mir und den anderen ausgetrunken werden."

(Freud – Martha Bernays, 6. 1. 1885)

„Als mich einmal ein Fremder einlud, italienischen Wein mit ihm zu trinken, ergab es sich im Wirtshause, daß er den Namen jenes Weines vergessen hatte, den er, weil er ihm im besten Gedenken geblieben war, zu bestellen beabsichtigte. Aus einer Fülle von disparaten Ersatzeinfällen, die dem Anderen an Stelle des vergessenen Namens kamen, konnte ich den Schluß ziehen, daß die Rücksicht auf irgendeine Hedwig ihm den Namen des Weines weggenommen hatte, und wirklich bestätigte er nicht nur, daß er diesen Wein zuerst in Gesellschaft einer Hedwig verkostet, sondern fand auch durch diese Aufdeckung seinen Namen wieder. Er war zu der Zeit glücklich verheiratet, und jene Hedwig gehörte früheren, nicht gerne erinnerten Zeiten an."

(Vorlesungen zur Einführung in die Psychoanalyse, II. Teil: Der Traum)

„Der weiße Traminer ist übrigens ausgezeichnet." *(Freud – Familie Freud, 20. 4. 1905, aus Waidbrück/Südtirol)*

„Infolge Deines Krankseins habe ich, wie Du bemerkt, auch auf den Gedankenverkehr mit Dir verzichtet, in den soviel hineingegangen ist; ein neues Stück Resignation. Gelegentlich sehne ich mich nach einem kräftigen und süßen Tropfen Traubensaft – wenn es doch ‚Punsch mit Lethe' nicht sein kann –, aber ich schämte mich, mir ein neues Laster zuzulegen." *(Freud – Wilhelm Fließ, 5. 12. 1898)*

„Der göttliche Marsala steht auch bereits auf unserem Tisch, wir können ihn aber nur tropfenweise trinken. Martha hat die Flaschen gezählt und verwahrt, damit ich mich nicht in der Einsamkeit dem tröstenden Trunk ergebe." *(Freud – Wilhelm Fließ, 16. 6. 1899)*

Ananassorbet
mit Likör

200 g Ananasfruchtfleisch
2 cl Ananassaft
5 cl Ananaslikör
50 g Staubzucker (Puderzucker)
Saft einer halben Limette
Minzeblättchen

Alle Zutaten, bis auf einige Ananasstückchen,
pürieren und einfrieren. Sorbetkugeln mit
zwei Löffeln oder einem Portionierer abstechen
und anrichten.
Mit Ananas und Minze dekorieren.

„Der Sprachgebrauch hat gewisse Prägungen dieser oralen Sexualphase dauernd
angenommen, er spricht von einem ‚appetitlichen' Liebesobjekt, nennt die Geliebte ‚süß'.
Wir erinnern uns, daß unser kleiner Patient auch nur Süßes essen wollte. Süßigkeiten,
Bonbons vertreten im Traume regelmäßig Liebkosungen, sexuelle Befriedigungen."

(aus: Aus der Geschichte einer infantilen Neurose, Der Wolfsmann)

Die Silberhochzeit Sigmund und Martha Freuds
wurde in Südtirol gefeiert. 1911.

„Warum betrinken wir uns nicht? Weil uns die Unbehaglichkeit u. Schande des Katzenjammers
mehr Unlust als das Betrinken Lust schafft; warum verlieben wir uns nicht jeden Monat aufs Neue? Weil bei
jeder Trennung ein Stück unseres Herzens abgerissen würde; warum machen wir nicht jeden zum Freund?
Weil uns sein Verlust oder sein Unglück bitter treffen würde. So geht unser Bestreben mehr dahin
Leid von uns abzuhalten als uns Genuß zu verschaffen."

(Freud – Martha Bernays, 29. 8. 1883)

GESELLSCHAFTLICHER VERKEHR UND FESTE

FREUNDE, GÄSTE UND BESUCHER

„Vous connaissez Monsieur Freud?"

(JEAN-MARTIN CHARCOT,
ZITIERT IN FREUD – MARTHA BERNAYS, 10. 2. 1886)

Freud machte im Laufe seines Lebens viele freundschaftliche Eroberungen (Flem 1993). Er zog unterschiedlichste Menschen in seinen Bannkreis, faszinierte sie durch seine Ideen, seine Aura. Er galt als brillanter Redner und war auf nahezu allen Gebieten des Geisteslebens bewandert. Auf diese Weise sammelte er Weggefährten, Kommilitonen, B'nai-B'rith-Brüder, Kollegen, väterliche Mentoren, Idealisten, Mitstreiter, Künstler, Schriftsteller, Wissenschaftler und andere Gelehrte um sich. Er begeisterte sich und entflammte schnell für jemanden. Oft jedoch zerbrachen Beziehungen – beispielsweise die Freundschaft zu Fließ oder die Beziehung zu C. G. Jung – auch wieder, vor allem, wenn das Gegenüber Positionen vertrat, die Freuds Vorstellungen entgegenliefen. In der Phase seiner beruflichen Konsolidierung und Splendid Isolation hatte er das Gefühl, alle alten Freunde verloren und noch keine neuen Vertrauten erworben zu haben (Clark 1981). Demgegenüber hielten einige Beziehungen zu persönlichen Freunden aus seinem Gesellschaftskreis, etwa zu seinen Tarockfreunden Rie und Königstein, ein Leben lang. Sie könnten sich gerade, weil sie in keinem Zusammenhang mit seiner Arbeit standen, ungetrübt fortgesetzt haben. Denn stets, besonders aber zu Anfang seiner Karriere, erfuhr Freud viel Ablehnung und Widerstand seitens der Ärzteschaft und anderer gesellschaftlicher Gruppen.

Der von Freud erlebten Isolierung der frühen Jahre stand, bedingt durch sein international beachtetes Werk, später ein geselliges und großbürgerliches Leben gegenüber, wie auch seine Enkelin Sophie bestätigt (Sophie Freud 1995). Es verging kaum ein Nachmittag, an dem sich keine Gäste in der Berggasse einfanden (Martin Freud). Ebenso kam abends immer wieder Besuch, auch unange-meldet, wie etwa Freunde, die auf dem Weg ins Theater oder in die Oper bei Freud hielten, um ihn kurz aufzusuchen (Roazen 1999).

In der Berggasse empfing er nicht nur Kollegen und Anhänger, sondern auch prominente Wissen-schaftler, Künstler, Politiker und Schriftsteller. Zu letzteren fühlte er sich zeitlebens immer besonders hingezogen, da er glaubte, viele bedeutende Schriftsteller seiner Zeit seien im Besitz intuitiv ge-wonnener psychoanalytischer Einsichten. Zu den Besuchern gehörten neben den engsten Freunden

suchten das Gespräch mit Freud. Der Kritiker und Essayist Willy Haas, der zum Kreis um Kafka gehörte und *Die Literarische Welt* herausgab, traf Freud 1935 in der Berggasse. Über den Inhalt des Gesprächs hat er seiner Frau später nichts mitge-teilt, obwohl das Ehepaar Haas häufig über Freud und seine Theorien sprach (Haas 1999).

Professor Freud begegnete im Laufe der Jahre vielen illustren Personen und internationalen Gei-stesgrößen seiner Zeit, darunter auch dem als „Ge-hirn des Jahrhunderts" *(Der Spiegel* 50, 13. 12. 1999) geltenden Albert Einstein sowie dem Kom-

Besucher im Hause Freud: Oscar Rie, Richard Beer-Hofmann, Thomas Mann.

und Mitstreitern nicht nur unzählige Psychoana-lyse-Anhänger, Psychiater und Psychologen, dar-unter Carl Gustav Jung, Eugen Bleuler, Hans Prinzhorn und Karl Menninger; auch der Nobel-preisträger für Physiologie Otto Loewi, der Eth-nologe Lucien Lévy-Bruhl, die Politiker Julius Tandler und Josef Friedjung, der amerikanische Botschafter in Österreich, der Dirigent Bruno Walter, die Literaturnobelpreisträger Thomas Mann und Romain Rolland und die Schriftsteller Stefan Zweig, Georg Brandes, H. G. Wells, Felix Salten, Richard Beer-Hofmann, Norman Douglas, Alfons Paquet, Albrecht Schaeffer, André Breton, die Dichterin Hilda Doolittle und viele andere

ponisten und Hofoperndirektor Gustav Mahler. Freud traf das Musikgenie im August 1910 in Lei-den, Holland; er unternahm mit Mahler einen vierstündigen Spaziergang und analysierte ihn da-bei. Albert Einstein hatte er anläßlich eines Weih-nachtsbesuchs im Berliner Haus eines seiner Söh-ne kennengelernt (Hermann 1994). Sie sahen ein-ander wieder und hielten später brieflich Kontakt.

Auch der Geldadel fand sich bei dem berühm-ten Psychoanalytiker ein, wie aus Freuds Tagebuch hervorgeht: Im August 1935 lernte der Professor John Rockefeller jr. kennen. Schon 1920 war das Oberhaupt des Pariser Zweigs der Rothschilds bei ihm gewesen und 1922 Mrs. Guggenheim.

Zu den beeindruckendsten Besuchen in der Berggasse zählen die von Persönlichkeiten wie Prinzessin Eugénie, der Tochter Marie Bonapartes, und ihrem Mann, Prinz Dominique Radziwill. Im April 1938, kurz vor der Hochzeit, wurde das junge Paar von Freud zum Abendessen empfangen. Die höchstrangigen Hoheiten waren sie jedoch nicht: Einige Zeit zuvor, im Oktober 1937, hatte Freud bereits Elisabeth Valerie, die Königin von Belgien zu Gast. Sie war eine bayerische Prinzessin, eine Wittelsbacherin; Ludwig I. von Bayern war ihr Großvater. Sie hatte 1900 König Albert

te sie zur Tür. Unangemeldete Patienten und Fremde verwies sie auf die Sprechstundenzeiten des Professors, Freunden, Bekannten und angemeldeten Patienten öffnete sie und ließ sie ein. Sie begrüßte die Ankommenden, machte einen Knicks, nahm den Damen und Herren ihre Garderobe ab und führte sie ins Wartezimmer. Dann betrat sie durch das Sprechzimmer das Arbeitszimmer Freuds, um den Besuch zu melden. Empfing Freud den Besucher, ließ er Tee, Kaffee und Gebäck servieren, ein Abendessen schloß sich möglicherweise noch an. Paula Fichtl buk gern und häu-

Besucher im Hause Freud: Stefan Zweig, Bruno Walter.

I. von Belgien geheiratet und stand im Ruf, eine unkonventionelle Frau mit ebensolchen politischen Ansichten zu sein, was ihr später den Beinamen „die rote Sisi" eintrug. Die königliche Hoheit galt als künstlerisch veranlagt, sie war sehr musikalisch und betrieb Bildhauerei. Von ihrer Freundin Marie Bonaparte, die wohl auch den Kontakt zu Freud herstellte, schuf sie eine Büste. Aber auch Albert Einstein wäre als Vermittler denkbar, denn Elisabeth hatte den Physiker häufig zu musikalischen Aufführungen in den Brüsseler Laeken-Palast eingeladen und mit ihm im Quartett Geige gespielt..

Die vielen Besucher des Hauses zu empfangen oblag der Hausangestellten. Wenn es klingelte, eil-

fig Linzer Torte. Fast immer zur Freude der Gäste, nur als Thomas Mann ihren Kuchen nicht anrührte, sondern lediglich ein knappes „Nein, danke" herausbrachte, war Paula gekränkt. Trotzdem gehörte der distinguierte Lübecker zu den berühmten Besuchern des Professors, die auch von den Damen im Haus besonders freudig erwartet wurden. Die Hamburgerinnen Martha und Minna fühlten sich ihrem „Landsmann" eigentümlich verbunden, und die drei Hanseaten tauschten mit Vergnügen Eindrücke über die norddeutsche Heimat aus. Thomas Mann, der stets im Hotel Imperial abstieg, wenn er in Wien war, galt bei den Damen einhellig als ein „wirklich feiner Herr".

Linzer Torte

200 g Mehl
200 g Butter
100 g geriebene Mandeln
3-4 Tropfen Bittermandelöl
100 g Zucker
1 Prise Salz, Zimt, Nelkenpulver
1 Ei
450 g Ribiselmarmelade (Johannisbeerkonfitüre)
oder Preiselbeeren
1 Eigelb
1 Eßlöffel Wasser
100 g Mandelstifte
Staubzucker (Puderzucker)

Aus den Zutaten einen Mürbteig bereiten und kalt stellen. Springform einfetten, die Hälfte des Teiges in die Form drücken und einen kleinen Rand formen. Marmelade (Konfitüre) aufstreichen. Vom Teigrest bleistiftdünne Röllchen drehen und gitterförmig auf die bestrichene Teigoberfläche legen. Auch einen rollenförmigen Rand als Einfassung legen. Eigelb mit Wasser verrühren, Gitter damit bestreichen, Mandeln aufstreuen und auf dem Rost, untere Einschubleiste, bei 200 bis 210° etwa eine halbe Stunde backen. Danach mit Staubzucker (Puderzucker) bestäuben.

„Ein Herr kommt in eine Konditorei und läßt sich eine Torte geben; bringt dieselbe aber bald wieder und verlangt an ihrer Statt ein Gläschen Likör. Dieses trinkt er aus und will sich entfernen, ohne gezahlt zu haben. Der Ladenbesitzer hält ihn zurück. ‚Was wollen Sie von mir?' – ‚Sie sollen den Likör bezahlen.' – ‚Für den habe ich Ihnen ja die Torte gegeben.' – ‚Die haben Sie ja auch nicht bezahlt.' – ‚Die habe ich ja auch nicht gegessen.'"

(aus: Psychologische Schriften, Der Witz und seine Beziehung zum Unbewußten)

Wartende Patienten lotste Paula gleich in die Küche und nötigte sie mit sanftem Druck zu einem Imbiß. Da die Herrschaften oft so „unruhig" wirkten, hielt sie eine kleine Stärkung vor den anstrengenden Analysen für angezeigt. Freud wußte, wie bereits erzählt, lange Zeit nichts von dieser Vorbehandlung. Eines Tages jedoch machte ein amerikanischer Patient ihm gegenüber die scherzhafte Bemerkung: „Daß in Ihren Honoraren Halbpension mit eingeschlossen ist, finde ich sehr zuvorkommend." Der entsetzte Freud stellte die Haushälterin zur Rede: „Das können Sie doch nicht machen!" Aber Paula gab sich unbeeindruckt (Berthelsen 1987).

Viele gesellige Begegnungen im Hause Freud standen unter beruflichem Vorzeichen, so die Runde der Mittwoch-Gesellschaft. Auch gab es die Sitte, ausländische Analysanden am Samstag abend nach Hause einzuladen (Roazen 1999). Die Gäste wurden ohnehin häufig gebeten, zum Essen zu bleiben. Oft ergab sich eine solche Situation, weil der Professor und ein Besucher sich angeregt in Gespräche vertieft hatten und ihren Austausch fortzusetzen gedachten. „Freud sprach schon vor dem Nachtmahl und dann später viel und bereitwillig [...] Er behielt mich sehr lange, indem er noch gegen 1 Uhr seine soeben abgeschlossene Arbeit für die Scientia vorlas und durchsprach", hielt beispielsweise Lou Andreas-Salomé in ihrem Tagebuch fest (Andreas-Salomé 1958). Freuds langjähriger „Leibarzt" Max Schur betonte, das Ehepaar Freud und seine Familie seien vollendete Gastgeber gewesen (Schur 1973).

Sehr rege war der gesellschaftliche Verkehr der Freuds auch in der jeweiligen Sommerresidenz, denn häufig kamen Zusammenkünfte mit Besuchern und Freunden des Hauses während der ausgedehnten Ferien zustande Die Gespräche bei Tisch, die sich häufig um verschiedene Themen aus Psychoanalyse, Kunst, Kultur und Wissenschaft drehten, waren anregend und unterhaltsam. Nach dem Essen wurden von Gästen und Gastgeber oft Verse, etwa von Homer, rezitiert, wie sich Martin Freud erinnerte. Größere Feste oder opulente Dinnereinladungen veranstalteten die Freuds seltener. Sie zogen den Lebensstil eines intellektuellen Akademikerhauses vor. Ohnehin sei die Wohnung zu klein und die Zeit zu knapp gewesen für die Organisation von Tanzabenden, befand Martha Freud. Jedoch gaben die Freuds Empfänge zu hohen Festtagen wie Hochzeitsjubiläum oder runden Geburtstagen.

FRAUEN

„Besonders ein Typus von Frauen lehnt jeden Ersatz durch Ideelles ab und fordert etwas Glückähnliches im Leben oder die festgehaltene Übertragung. Es sind solche, von denen der Dichter sagt, sie hätten nur Verständnis für ‚Suppenlogik mit Knödelargumenten'."

(FREUD – OSCAR PFISTER, 10. 5. 1909)

Viele Frauen haben im Leben Sigmund Freuds eine entscheidende Rolle gespielt: Mutter, Kinderfrau, Schwestern, Ehefrau, Schwägerin, Töchter, Hausgenossinnen bzw. Hausangestellte, Freundinnen sowie die ersten Pionierinnen und Patientinnen der Psychoanalyse (Appignanesi/Forrester 1994, Olvedi 1992, Marcer 1998). Die Entwicklung der Psychoanalyse ist untrennbar mit den Fallgeschichten berühmter Patientinnen wie „Dora" und „Anna O." und Namen wie Emma Eckstein und Sabina Spielrein – Geliebte C. G. Jungs sowie Studentin bei Freud und Jung – verbunden (Kerr 1994, Martynkewicz 1999). Auch die berühmte Couch wurde Freud von einer dankbaren Patientin geschenkt.

Unter Freuds Patienten, Anhängern, Analysanden und treuesten Freunden befanden sich mit den Jahren mehr und mehr Frauen (Flem 1993). Darunter waren oftmals sehr vornehme, interessante, einflußreiche und unkonventionelle Damen. Freud wahrte ihnen gegenüber immer Distanz. Seine Beziehungen zum weiblichen Geschlecht innerhalb und außerhalb seines familiären Umfeldes waren im allgemeinen harmonisch und nicht von dramatischer Konflikthaftigkeit und Leidenschaft gekennzeichnet (Gay 1989). Sie spielten sich auf einer entkörperlichten Ebene ab. Obwohl viele Gerüchte um das Sexualleben Freuds entstanden (und ausgeräumt wurden; Gay 1989), bleibt der Stellenwert der Sexualität des Privatmanns Freud für viele nebulos: Wehrte er eine latente Homosexualität ab, wie sie manchmal im Briefwechsel mit Fließ anzuklingen scheint? Hatte er wirklich eine Affäre mit seiner Schwägerin und Reisebegleiterin Minna? Der Tabubrecher Freud selbst deutete an, daß er ein weniger aufregendes Leben geführt habe, als seine Schriften und sein verlockendes Umfeld es vielleicht vermuten lassen.

Unter den in seinen Krankengeschichten dargestellten Frauen waren viele, die, wie Freud selbst betonte, intelligent und für ihn als Arzt äußerst interessant waren. Dazu gehören die legendären Fallgeschichten über Dora (vgl. Decker 1991) oder Anna O. Letztere war eine gute Bekannte von Freuds Ehefrau Martha, hieß eigentlich Bertha Pappenheim und wurde eine bekannte Frauenrechtlerin. Weitere interessante Damen säumen den Weg der frühen Entwicklung der Psychoanalyse. Die Dichterin Elisabeth Glück, die mit ihrer erotischen Lyrik einige Bekanntheit erlangte, gehörte zu Freuds ersten Patientinnen, als sie ihn 1888 wegen einer „Nervenkrankheit" konsultierte. Auch Mathilde, die Tochter des bekannten Wiener Malers Cölestin Schleicher, ließ sich von Freud 1889 behandeln. Elise Gomperz, die zu einer der kultiviertesten jüdischen Familien in Wien gehörte, ließ sich von Freud bei Hausbesuchen hypnotisieren. Sie zählte zu den Patientinnen, deren Bekanntenkreis sich mit dem Freuds mehrfach überschnitt. Die „verehrte Frau Hofrat" (Freud – Elise Gomperz, 12. 11. 1913)

Anna Freud und ihre Lebensgefährtin Dorothy Burlingham bei einem Besuch in Wien. 1972.

war zusammen mit der Baronesse Marie von Ferstl später auch daran beteiligt, daß dieser nach langer Wartezeit im Jahr 1902 den Professorentitel erhielt. Die Pianistin Anna von West machte sich ab 1904, nach Abschluß einer Analyse bei Freud, in Wien einen Namen und freundete sich mit der Familie Sigmund Freuds an. Auch sie setzte sich für ihren ehemaligen Analytiker ein: Die Musikerin brachte Freuds Sohn Ernst 1914 bei sich unter (Appignanesi/Forrester 1994).

Bemerkenswert ist, daß Freud trotz seines um-

Englisches Frühstück

Zuerst ein Glas frisch gepreßten Saft trinken. Dann eine Portion
Porridge – Haferflocken in Wasser aufgekocht, mit einer Prise Salz,
Zucker nach Belieben abgeschmeckt und mit Milch übergossen – essen.
Danach gebratener Speck, ein Rostbratwürstchen, ein paar
Champignons, eine Tomate sowie ein Ei. Abschließend ein paar
Scheiben goldbaun geröstetes Toastbrot mit Butter und Orangen-
Ingwermarmelade genießen, begleitet von einigen Tassen leichten
englischen Tees.

Bei ihren Besuchen in Wien pflegte Yvette Guilbert im Hotel Bristol abzusteigen.
wo Freud sich mit ihr zum Tee traf.

strittenen Frauenbildes so viele außergewöhnliche Damen anzog, die seine Ideen und Theorien aufnahmen, weiterentwickelten und verbreiteten. Ein Grund dafür war das für die damalige Zeit ungewöhnlich respektvolle und wohlwollende Verständnis und die intellektuelle Anerkennung, mit denen Freud ihnen begegnete. Trotz seiner eher konventionellen Äußerungen über die Weiblichkeit bevorzugte Freud in seinem Umfeld Freundinnen, die dem Frauenbild seiner Zeit kaum entsprachen. Einige dieser weiblichen Persönlichkeiten waren besonders beeindruckend, manche galten als apart, glamourös und elegant wie beispielsweise Prinzessin Marie Bonaparte und Lou Andreas-Salomé.

In den dreißiger Jahren bestand ein Großteil der Schüler Freuds aus Frauen, die meist von Anna bei ihrem Vater eingeführt wurden. So gehörten etwa Dorothy Burlingham, Ruth Mack Brunswick, Jeanne Lampl-de Groot, Anny Katan, Muriel Gardiner, Marianne Kris, Edith Jackson, Eva Rosenfeld zu den wichtigsten Frauen um den Psychoanalytiker. Die Anhängerinnen der Psychoanalyse – vor allem später aus dem Kreis um Anna – waren, ungewöhnlich für die damalige Zeit, oft alleinstehend. Viele trugen wie Anna gern die von Martha Freud mißbilligten „Reformkleider", waren Singles, lebten getrennt oder mit einem Mann, der, wie Paul Roazen formulierte, anderweitig „irgendwie nicht wichtig" war.

Bezeichnend für viele von Freuds Beziehungen nicht nur zu Frauen ist die – heutzutage undenkbare – Vermischung analytischer und familiärer Bereiche. Viele Analysanden und Analysandinnen verkehrten privat in seinem Haus oder verbrachten ihre Ferien an seinem Urlaubsort. Auch waren psychoanalytische Hausbesuche anfangs nicht unüblich. Ein Beispiel dafür ist Anna von Lieben, geborene Todesco. Während ihrer Behandlung, die

in den *Studien über Hysterie* erwähnt wird, war Freud bis zu dreimal wöchentlich Gast in ihrem Haus (Tögel 1996). Die meisten Besuche im Laufe der etwa achtjährigen Therapie fanden im Palais Lieben in der Oppolzergasse 6 beim Burgtheater statt. (Das Palais gehört heute zum Gebäudekomplex des Café Landtmann). Vor 1888 besuchte Freud seine Patientin im Palais Todesco in der Kärntner Straße 51 (Tögel 1996).

Besondere Vermischungen bzw. Dreiecksverbindungen entstanden, wenn Freud die Frauen von Freunden und Weggefährten – wie Loe Kann, Lebensgefährtin von Ernest Jones, dem Freud-Biographen – analysierte. Eine doppelte – oder dreifache – Bindung zwischen dem Vater Sigmund Freud und seiner Jüngsten entstand durch die Tatsache, daß sie, seine geistige Erbin, die als einziges seiner Kinder in seine beruflichen Fußstapfen trat, auch von ihrem eigenen Vater analysiert wurde. Das Beziehungsgeflecht zwischen Vater und Tochter verwob sich aber noch enger: Dorothy Burlingham, die Tochter des amerikanischen Jugendstilkünstlers und Designers Louis Comfort Tiffany aus dem Juwelier-Clan, war 1925 mit ihren vier kleinen Kindern aus den USA nach Wien gekommen. Sie hatte ihren zeitweise manisch-depressiven Mann – er stürzte sich Jahre später aus dem Fenster – verlassen. Auf der Suche nach Orientierung unterzog sie sich bei Freud einer Lehranalyse. Sie wohnte ebenfalls in der Berggasse 19, ein Stockwerk höher, und Dorothy war es auch, die die Haushaltshilfe Paula Fichtl vermittelte. Dorothys Kinder wurden von Anna Freud – die später auch eine Mutter für sie wurde – analysiert, und Dorothy selbst wurde die Arbeits- und Lebensgefährtin Anna Freuds.

Zu anderen Analysandinnen jener Jahre bestanden ebenfalls langjährige private Verbindungen: Freuds Schülerin Kata Levy etwa war mit Anna

Freud befreundet, ebenso Marianne Kris, die Tochter von Freuds Freund, Hausarzt und Tarockpartner Oscar Rie. Ihr Ehemann Ernst Kris unterzog sich bei Anna Freud einer Lehranalyse. Marianne stiftete später der Hampstead Clinic, was ihr ihre Patientin Marilyn Monroe (die 1959 kurzfristig auch bei Anna in Behandlung war) vermacht hatte. Mariannes Schwester Margarete ließ sich ebenfalls von Freud analysieren. Sie half später bei der Herausgabe der Protokolle der Wiener Vereinigung.

Auch das Verhältnis zu Ruth Mack Brunswick veranschaulicht das Beziehungsgeflecht des weiblichen Kreises um Freud. Die gebildete, elegante, zeitweise medikamentenabhängige Frau kam 1922 nach Wien, um bei Freud zu studieren, und wurde bald Ansprechpartnerin für seine amerikanischen Patienten. Ruth machte gemeinsam mit den Freuds Sommerurlaub, und Freud fungierte 1928 als ihr Trauzeuge. Ein paar Jahre später war sie bei einer seiner Krebsoperationen an seiner Seite (Jones 1960).

Die Verbindung zu Annas Freundin Eva Rosenfeld war ähnlich verwickelt. Eva kam Ende der zwanziger Jahre zeitweise fast täglich zur Analyse, später auch an Sonntagnachmittagen und in den Sommerferien. Sie half Martha bei Reisevorbereitungen und gehörte auf diese Weise zur Familie. Ihre Analysebesuche, für die Freud kein Honorar verlangt haben soll, waren zumindest zeitweise so zwanglos, daß sie gelegentlich (von Ruth Mack Brunswick) angerufen wurde, um zu hören: „Kommen Sie nicht, der Professor braucht frische Luft" (Roazen 1999). Anna analysierte später Evas Tochter und brachte gelegentlich einige Kinder, darunter ihren Neffen W. Ernest Freud, wiederum bei den Rosenfelds unter (Appignanesi/Forrester 1994).

Eva war die Nichte der französischen Diseuse Yvette Guilbert, die zunächst als Café-Sängerin in Paris bekannt wurde, bevor sie internationalen Ruhm erlangte. Ihr Repertoire galt vielen als anstößig, weil es eine breite Skala von Liedern umfaßte, in denen sie auch Betrunkene oder halbseidene Lebedamen verkörperte. Freud hatte sie in den späten achtziger Jahren in Paris zum ersten Mal gehört und verehrte sie sehr. Yvette war für ihn auch eine personifizierte Verbindung zu seiner Pariser Zeit bei Charcot, er lernte sie allerdings erst in den zwanziger Jahren persönlich kennen. In seinem Arbeitszimmer hing ein Foto von ihr und in seiner Bildersammlung befand sich eine Originallithographie, auf der Henri Toulouse-Lautrec sie dargestellt hatte. Zeitweise gastierte die erfolgreiche Künstlerin fast alljährlich in Wien, und Freud kam, um sie zu hören, was zu einigem Raunen im Publikum geführt haben soll. In einem seiner Briefe an Ferenczi schrieb Freud: „In diesem November habe ich meine liebe Yvette – Sie

Yvette Guilbert, die von Toulouse-Lautrec verewigte französische Chanteuse, war Freud freundschaftlich verbunden. Diese Fotografie mit Widmung hing in seinem Arbeitszimmer.

Lou Andreas-Salomé, Freuds „liebe Frau Lou" (vordere Reihe, 5. v. l.),
beim Internationalen Psychoanalytischen Kongreß in Weimar, 1911.

wissen wir stehen sehr gut zueinander – mit ihrer unvergleichlichen Betonung wieder hören können" (Freud – Sandor Ferenczi, 13. 12. 1929). Gab sie ein mehrtägiges Gastspiel, kam er mitunter mehrmals in den Konzertsaal, um sie zu erleben. Er schenkte ihr Blumen, und nach ihren Auftritten lud die Sängerin das Ehepaar Freud zum Tee in ihre Suite im Hotel Bristol. Für die Blumen bedankte sie sich überschwenglich mit einer Notiz auf dem Briefpapier des Hotels.

Nicht nur von Yvette war der Professor besonders beeindruckt; eine ähnliche Ausstrahlung hatten auch Lou Andreas-Salomé und Prinzessin Marie Bonaparte, denen Freud sich ebenfalls besonders verbunden fühlte. Die Freundschaft zu diesen beiden, die nicht nur Freundinnen, sondern auch Mitstreiterinnen waren, zählen zu den wichtigsten seines Lebens.

Die Femme fatale Lou Andreas-Salomé war eine unkonventionelle russische Literatin und Philosophin. In jungen Jahren wurde sie von Nietzsche verehrt, sie korrespondierte mit Arthur Schnitzler und war die Muse, Mentorin und Geliebte Rainer Maria Rilkes. Zu ihren Bekannten gehörten zudem der Dramatiker Gerhart Hauptmann, der Regisseur Max Reinhardt, der sie oft zu Premieren in die Berliner Kammerspiele einlud, sowie die Schriftsteller Frank Wedekind, Hugo von Hofmannsthal sowie Marie von Ebner-Eschenbach. Im Alter von rund fünfzig Jahren lernte sie Freud kennen. Sie fühlte sich zur Psychoanalyse hingezogen, um sich selbst und ihren Freund Rilke besser verstehen zu können. Auch suchte sie Anschluß an eine Gemeinschaft und eine weitere intellektuelle Tätigkeit (Salber 1990). Als oft einzige Frau nahm sie von Oktober 1912 bis April 1913 an den Mittwoch-Sitzungen der Psychoanalytischen Vereinigung teil. Freud begleitete sie nach den Sitzungen häufig heim, und im Café Ronacher (Andreas-Salomé 1958) wurden die Diskussionen manchmal bis spät in die Nacht fortgesetzt. Bei mehreren Gelegenheiten war sie Gast im Hause Freud. Sie lernte die Familie kennen und entwickelte auch zur Tochter Anna eine intensive emotionale Beziehung. Die von Freud vertraulich seine „liebe Frau Lou" Genannte wurde praktizierende Psychoanalytikerin in Göttingen, wo sie in ihrem Haus „Loufried" am Hainberg lebte. Bis zu ihrem Tod 1937 blieb sie mit den Freuds in enger Verbindung (Hülsemann 1998).

Auch Prinzessin Marie Bonaparte, eine Nachfahrin von Lucien Bonaparte, einem Bruder Napoleons I., gehörte zum engsten Kreis der geistigen Töchter Professor Freuds. Die Französin, verheiratet mit Prinz Georg von Griechenland und Dänemark, war eine Tante von Prinz Philipp, dem Gemahl der jetzigen englischen Königin Elizabeth II., der als Kind vier Jahre bei Marie in St. Cloud gelebt hat. Die Prinzessin, Erbin eines riesigen, in Monte Carlo vor allem durch Spielkasino- und Eisenbahngeschäfte erworbenen Vermögens, war eine Grande Dame, eine Frau von starkem Charakter und lebendigem Intellekt. Als sie 1925 ihre Analyse bei Freud aufnahm, bedeutete dies eine große Wende für sie, wenn nicht sogar den „Anfang von Maries wirklichem Leben" (Bertin 1989). Die Wegbereiterin der französischen Bewegung wurde selbst Analytikerin, eine See-

Prinzessin Marie Bonaparte, Grande Dame aus französischem Hochadel, Psychoanalytikerin und enge Freundin der Familie Freud.

lenverwandte und enge Freundin von Freud und seiner Familie. Dabei verstieß sie oft gegen die Konventionen ihres Standes. Es irritierte sie nicht im geringsten, sich von einem Essen im Buckingham Palace direkt zu einer Vorlesung über weibliche Sexualität in der Britischen Psychoanalytischen Vereinigung zu begeben. Als Analytikerin ging sie ebenso außergewöhnlich vor: Ihren Patienten schickte sie einen Chauffeur, und sie ließ sie in einem ihrer luxuriösen Autos in ihr Haus nach St. Cloud fahren. Wenn das Wetter es erlaubte, fand die Sitzung im Garten statt, dabei legte sie sich mitunter auf eine Chaiselongue hinter die Analysecouch und häkelte (Bertin 1989). Später unterhielt sie einen weiteren Pariser Wohnsitz, ein Hôtel Particulier in der Rue Adolphe-Yvon 6, nahe der Porte de la Muette, wo sie ebenfalls tätig war. Weilte sie in Wien, dann logierte sie in ihrer Suite im Hotel Bristol, wo sie besonders gerne arbeitete und Korrespondenz erledigte (Bertin 1989). Die königliche Hoheit gehörte zu den ständigen Besuchern und Essensgästen im Hause Freud und spielte für die Familie eine schicksalhafte und entscheidende Rolle. Immer wieder verwendete sie sich für Freud und stellte ihre Kontakte – und auch ihr Vermögen – in den Dienst der Psychoanalyse. Vor allem half sie der Familie bei der Emigration und konnte dank ihres Diplomatenstatus – und des von ihr gezahlten Lösegeldes – einen Teil des geistigen Nachlasses Freuds vor den Nazis retten.

Traditionelles Weihnachtsmenü der Familie Freud

Gänsebraten

1 Gans von etwa 4–5 kg Gewicht
Salz
1/8–1/4 l Wasser
Mehl
Für die Füllung: 1 kg Äpfel,
Rosinen, Trockenzwetschken (-pflaumen),
ein Schuß Rum
Saft einer Zitrone

Die vorbereitete Gans waschen, abtrocknen und salzen. Die Äpfel schälen, würfeln, mit Rosinen, Trocken-zwetschken (-pflaumen), dem Rum und dem Zitronensaft mischen und die Gans damit füllen. Die Gans mit der Brust nach unten in den gefetteten Bräter legen, Wasser angießen und auf dem Rost in der unteren Einschub-leiste bei 200° insgesamt etwa 150 bis 180 Minuten braten. Nach einer Stunde wird die Gans gewendet. Mit einem Hölzchen unterhalb der Keulen in die Haut stechen, damit das Fett herauslaufen kann. Fett wenn nötig abschöpfen und nach Bedarf Wasser zugeben. Zehn Minuten vor Ende der Garzeit Gans mit Salzwasser oder Bratenfond bestreichen und bei auf 240° erhöhter Temperatur knusprig braten. Den Bratenfond entfetten, aufkochen und mit angerührtem Mehl binden. Nach Belieben mit Crème fraîche oder Rotwein anrühren und abschmecken. Dazu Kartoffelknödel (-klöße) und Apfel-Rotkraut (Rotkohl).

Kandierte Früchte

Frische Früchte nach Wahl
Nüsse nach Belieben
Zucker, Eiklar

Kandierte, also gezuckerte, Früchte können in der heimischen Küche auf verschiedene Weise zubereitet werden. Nach der ersten Variante werden die Früchte karamelisiert. Dazu wird Zucker in der Pfanne unter ständigem Rühren gebräunt, die Früchte, vielleicht begleitet von ein paar gehackten Nüssen, werden in der Karamelmasse gewendet.
Die zweite, sehr dekorative Variante gibt den Früchten ein „vereistes" Aussehen. Dazu weißen Zucker in einen Topf geben. Ein Eiklar leicht verschlagen und mit einem Pinsel auf Teile der jeweiligen Frucht und ihre Blätter streichen. Die Frucht dann in den Zucker tauchen bzw. darin wenden. Schön sieht es aus, wenn auch die Spitzen von Rosenblüten auf diese Weise verziert werden: sie erhalten das Aussehen von gefrorenem Tau bzw. Rauhreif.

Punsch

1½ kg Zucker
abgeriebene Schale von 2 Orangen
abgeriebene Schale von 1 Zitrone
Saft von 4 Orangen und von 2 Zitronen
4 l Bordeaux, Rum, Arrak

Rum, Arrak nach Wunsch, Zimt, Hirschhornsalz, Nelkenpulver Zucker und abgeriebene Orangen- und Zitronenschale in einen Topf geben. Zitronen- und Orangensaft sowie den Bordeaux angießen, zum Kochen bringen und je nach Wunsch halb Rum, halb Arrak dazugeben, mit Zimt, Hirschhornsalz und Nelkenpulver aromatisieren.

FESTE

WEIHNACHTEN

*„Ein Fest ist ein gestatteter, vielmehr ein gebotener
Exzeß, ein feierlicher Durchbruch eines Verbotes.
Nicht weil die Menschen infolge irgendeiner Vor-
schrift froh gestimmt sind, begehen sie die Ausschrei-
tungen, sondern der Exzeß liegt im Wesen des Festes;
die festliche Stimmung wird durch die Freigebung
des sonst Verbotenen erzeugt.“*

(AUS: TOTEM UND TABU)

Freud hegte eine allgemeine Abneigung gegen das
Begehen von Fest- und Feiertagen. Ein Grund
dafür mag seine aufrichtige und wahrhaftige Art
gewesen sein (Jones 1960), die sich wenig mit Ver-
fälschungen, Heuchelei und Schönfärberei verein-
baren ließ, etwa wenn über einen Jubilar nur positiv gesprochen und anläßlich eines Ehrentages nur
die besten Wünsche und Hoffnungen überbracht
wurden – auch von Menschen, die ihm nicht uneingeschränkt wohlgesonnen waren.

Hatte Freud seine Schwierigkeiten mit dem
Feiern von Festen allgemein, so galt dies besonders
für die religiösen. Dennoch wurden im Hause
Freud die hohen Festtage begangen, allerdings unter dem Vorzeichen geselligen Beisammenseins und
ohne Betonung des religiösen Hintergrundes. Zu
Ostern wurden Eier bemalt (Martin Freud 1958),
und Weihnachten gestaltete die Familie nahezu traditionell. Das erste gemeinsame Weihnachtsfest
verbrachte das Ehepaar Freud 1885, als Sigmund
seine zukünftige Frau, aus Paris kommend, für
eine Woche in ihrer Heimat besuchte. „Ich bringe
nichts mit als Süßigkeiten für die Kinder, und win-
zige Kleinigkeiten für Euch. In Köln kaufe ich
noch eine Flasche Kölnerwasser für Mama...“, ließ

er sie kurz vor der Abreise wissen (Freud – Martha Bernays, 18. 12. 1885). Als sie Eltern wurden,
zelebrierten die Freuds vor allem ihren Kindern zuliebe das christliche Fest. Ein schöner Weihnachts-
brauch für die Kinder war es, daß sie, festlich gekleidet und zu gutem Benehmen ermahnt, der Baronin Ferstl regelmäßig einen Besuch abstatteten,
um ihre Geschenke vom Weihnachtsbaum zu bekommen (Jones 1960). Zu Hause, unter dem ker-
zenerleuchteten Tannenbaum (Martin Freud
1958), lagen schön verpackte Geschenke für die
Kinder, Enkel und das zur Familie gehörende Personal (Berthelsen 1987). Die Kinder wurden stets
reichlich beschenkt, nicht nur von den Eltern, sondern auch von Tante Minna (W. Ernest Freud
1987), Freunden und dankbaren Patienten des
Professors (Martin Freud 1958). Und Martha
bemühte sich mit großem Eifer, die passenden Prä-
sente für jeden zu finden, der für die Familie arbeitete, und zwar nicht nur für die Leute selbst,
sondern auch für deren Angehörige. „Bei der
Nichte des Milchmanns ziehen wir die Grenze“,
so Minna scherzhaft über die Großzügigkeit ihrer
Schwester. Martha, die gläubige Jüdin, fand es
richtig, Weihnachten zu feiern, „was immer viel
Geld kostet, aber auch viel Freude macht“, wie sie
ihrer Schwiegertochter schrieb (Martha Freud –
Lucie Freud, 7. 12. 1934). Freud selbst bekam –
und akzeptierte – ebenfalls Weihnachtsgeschenke,
etwa Bücher von seinem Freund Fließ. Auch diese
Geste unterstreicht den unorthodoxen Umgang mit
seinem jüdischen Erbe.

Zum Weihnachtsfest gehörte bei den Freuds
immer auch ein besonderes Essen. Traditioneller
Weihnachts-Festtagsbraten wurde aufgetischt: ein
Puter oder eine Gans. Kandierte Früchte, Kuchen
und Punsch ergänzten das Weihnachtsmenü. Nach
dem Essen bestritten die Kinder den unterhalt-

samen Teil des Abends, etwa durch Rezitieren von Gedichten (Martin Freud 1958). Über die Feiertage wurden alle von Freuds Mutter noch einmal zu einem ähnlich üppigen Mahl gebeten, und die Familie lud Freunde und Bekannte ein. Zu den gesellschaftlichen Höhepunkten des Weihnachtsfestes gehörte ein gemeinsames Dinner mit der Baronin Ferstl und ihrem Mann im Hause Freud.

Zusammen mit ihren jeweiligen Besuchern nutzten die Freuds die Festtage zu ausgedehnten Spaziergängen durch das verschneite Wien, berichtet der Psychoanalytiker Sachs, der sich an einen solchen Tag im Kreise der Freuds und Freunden aus Berlin, London und Den Haag erinnerte. Als die Kinder erwachsen waren, verbrachten Martha und Sigmund das Weihnachtsfest oft in den Häusern ihrer Söhne, Töchter und Enkel. Anläßlich eines solchen Weihnachtsbesuches in Berlin bei seinem Sohn Ernst begegnete Freud in dessen Haus auch Albert Einstein – das erste Treffen der beiden damals berühmtesten Juden der Welt. Freud hielt sich von Dezember 1926 bis Januar 1927 im Hotel Esplanade in Berlin auf. Von dort schickte er seiner Tochter Anna eine Ansichtskarte und berichtete von diesem Treffen, bei dem mehr über Psychoanalyse als über Physik gesprochen worden sei.

Freunde des Hauses wurden zu Weihnachten von der Haushälterin Paula mit Eßpaketen bedacht, so auch und vor allem die von ihr verehrte

An Sonn- und Feiertagen besuchte Sigmund Freud allein oder mit Frau und Kindern seine Mutter Amalie. die bis ins hohe Alter am Familienleben regen Anteil nahm.

Prinzessin Marie Bonaparte. „Von mir, Marie, und von meinem Mann Dank für Ihre lieben Sendungen, für die Orange, die Kuchen und alles!" lautete ein Dankschreiben Maries im Dezember 1944, das auch der Prinz unterzeichnet hatte. Prompt schickte Paula noch ein Päckchen mit Schokolade hinterher (Berthelsen 1987). Die drei oder vier Flaschen speziellen Weines, den Oscar Rie regelmäßig zu Weihnachten schenkte, wurden für besondere gesellschaftliche Anlässe aufbewahrt, ebenso wie der Tokaier, den Ferenczi später aus den königlichen Kellern in Ungarn zu bringen pflegte.

NEUJAHR

Freuds Abneigung gegen Feste bezog sich auch auf Silvester und Neujahr. In Paris etwa, wo er während der Verlobungszeit einen solchen Abend verbrachte, war er von den lärmenden Festlichkeiten nicht erbaut. Dennoch war der Jahreswechsel auch für die Familie Freud ein besonderes Ereignis. Der Neujahrstag war eine der seltenen Gelegenheiten, eine Flasche Champagner zu öffnen und sich Kaviar zu gönnen. Zu den Festtagsbräuchen gehörte auch ein Besuch der Familie bei seiner Mutter Amalie. Wie immer traf Freud auch zu diesem alljährlichen Anlaß stets später ein als die anderen (Martin Freud). Seiner Korrespondenz fügte er zum Jahreswechsel besondere Grüße an oder er tauschte sich sehr ausführlich – über die Feiertage hatte er mehr Zeit – über berufliche Belange aus. Zu Neujahr 1896 etwa schickte er Fließ das frisch überarbeitete Manuskript K., eine erste Rohfassung der Verführungstheorie, das er einmal ironisch „ein Weihnachtsmärchen" nannte.

HOCHZEITSTAG

Hochzeitstage wurden von Freud selten als besondere Ereignisse erwähnt und scheinen für ihn mit den Jahren zunehmend an Bedeutung verloren zu haben. Von einer seiner Reisen, die er ohne seine Frau unternommen hatte, schrieb er ihr einen Tag nach dem 24. Hochzeitstag aus Palermo einen Brief, der ihr offenbar klarmachen sollte, daß sie nichts verpasse. „Um nicht ganz rosenrot in rosenrot zu malen und den Neid der Götter nicht zu wecken, erwähne ich, daß wir heute zuerst von Gerüchten über die Cholera in Neapel gelesen haben. [...] In Wien habt ihr übrigens bei dem schlechten Wetter soviel wie nichts zu fürchten. Vorsicht beim Obstessen schadet ja nie" (Freud – Martha Freud, 15. 9. 1910). Die Silberhochzeit 1911 wurde mit einem Restaurantbesuch im Kreise der Familie in Klobenstein bei Bozen gebührend gefeiert. Einige Jahre später, 1930, war das Eheschließungsjubiläum überschattet vom Tod der Mutter Amalie, die am 12. September in hohem Alter verstorben war.

Ein großes Ereignis waren die Feierlichkeiten zur Goldenen Hochzeit im September 1936. Ruth Mack Brunswick filmte das Geschehen (Home movies/ Freud Museum), das an einem sonnigen Tag mit einem Empfang der zahlreichen Besucher im Garten begann. Von Marie Bonaparte wurde überliefert, Freud habe bei seiner Goldenen Hochzeit die Bemerkung gemacht, seine Heirat mit Martha sei „keine üble Lösung des Eheproblems" gewesen...

GEBURTSTAG

Angesichts der großen Anzahl ihrer Familienmitglieder hatten die Freuds recht häufig die Gelegenheit zu einem Geburtstagsfest. Von Martin oder Anna verfaßte und vorgelesene Gedichte gehörten zum Geburtstagsbrauch. Das Textblatt wurde dem Jubilar traditionell von den Hunden überreicht.

Gratulanten aus der Ferne,
schätzt man sehr und hat sie gerne,
denn in ihren 16 Seiten
langen hübsch geschriebnen Schreiben
steh'n die schönsten Neuigkeiten,
was sie tun und was sie treiben:
Hund und Katze angebellt,
Jones hat neues Haus bestellt,
Levinsons war'n da zum Tee,
Robert tut der Magen weh,
Evchen schreibt wie Emile Zola,
Henny wird im Umfang voller,
Luxchen ist der beste Reiter,
und so weiter, und so weiter.

(MARTIN FREUD, 26. 7. 1935, FÜR SEINE MUTTER)

Freud war sehr aufmerksam, wenn ein Freund oder Familienmitglied Geburtstag hatte, und machte gern Geschenke. In bezug auf seine Kinder ging dies so weit, daß er den richtigen Augenblick kaum abwarten konnte: Ein Geburtstagsgeschenk für eines der Kinder erreichte den Empfänger immer schon am Vorabend (Jones 1960). Er war auch bei den Festvorbereitungen behilflich und schrieb von „Marthas Geburtstag, für den ich Besorgungen in Salzburg machen soll" (Freud – Wilhelm Fließ, 17. 7. 1899). Kurz darauf berichtete er: „Der Geburtstag der Hausfrau ist groß gefeiert worden,

u. a. durch einen Familienausflug nach Bartholo-mae" (Freud – Wilhelm Fließ, 1. 8. 1899). Eines von Marthas Wiegenfesten ist in die (psychoanalytische) Geschichte eingegangen: Am 23. Juli 1895, kurz vor ihrem Geburtstag, erzählte Martha ihrem Mann, daß auch ihre Freundin Irma kommen werde. In der darauffolgenden Nacht träumte Freud von „Irmas Injektion" – jenen Traum, der als Wegbereiter der *Traumdeutung* gilt.

Seinem eigenen Geburtstag maß Freud wenig Bedeutung zu: „Fast alle, die mir heuer zum Geburtstag gratuliert haben, werden vergeblich auf Dank u. Anerkennung warten. Ich will sie durch diese Technik dazu erziehen, daß sie es das nächste Mal nicht wieder tun" (Freud – Max Eitington, 27. 5. 1934). Diese Einstellung mag ihm am Tag seines 24. Geburtstages geholfen haben. Diesen Tag verlebte der damals Mi-litärdienstleistende nämlich nicht im Kreise von Familie und Freunden, sondern im Arrest, weil er ohne Urlaub weggeblieben war. So gleichgültig sein Wiegenfest für ihn selbst auch war, für seine Mutter Amalie war dieser Tag stets ein besonderes Ereignis. Sie sonnte sich im wachsenden Ruhm ihres Erstgeborenen und genoß es, bei seinen Geburtstagsfeiern und anderen Familienfesten im Mittelpunkt zu stehen (Martin Freud 1958). Die

neunzigjährige Mutter bestand etwa darauf, zur Feier des 70. Geburtstags ihres Sohnes ein neues Kleid zu bekommen. Am Vorabend besuchte er sie, um ihre Glückwünsche entgegenzunehmen und ihr auf diese Weise den Weg zu seinem Haus zu ersparen. Aber der erste Besucher, der am nächsten Morgen an seiner Türe läutete, war seine Mutter (Sachs 1950). Zwar mußte sie die Treppen in ihrem

Ihren 95. Geburtstag beging Amalie Freud in ihrem jährlichen Sommeraufenthalt Bad Ischl. Im Hintergrund ihre Töchter Dolfi und Maria. Pressefoto von 1930.

Haus hinunter- und die in der Berggasse hinaufgetragen werden, aber das machte ihr nichts aus, solange sie nur dabeisein konnte.

In den Jahren des Ruhms war Freuds Geburtstag stets Anlaß für viele Bewunderer in aller Welt, ihm ihre Reverenz zu erweisen. Generell freute er sich über Geschenke, was seiner Abneigung gegen das Geburtstagfeiern nicht widersprach. „Es war natürlich keine Möglichkeit dem Unsinn des Geburtstags zu entgehen", schrieb er anläßlich seines 74. Martha sprach von einem „Blumenregen" (Martha Freud – Lucie Freud 8. 5. 1934). Freud liebte Blumen, Orchideen und vor allem Gardenien, dennoch murrte er angesichts der Berge von Sträußen. Es half wenig: Der 75. Geburtstag des Gelehrten, 1931, war in der ganzen Welt durch unzählige Sympathiekundgebungen gekennzeichnet. An seinem Geburtshaus in Freiberg wurde eine Gedenktafel angebracht, und sein amerikanischer Neffe Edward Bernays, Begründer des Berufsstandes des Public-Relations-Berater, gab Freud zu Ehren eine Party im New Yorker Ritz-Carlton, an der der Jubilar jedoch nicht teilnahm. Freud nahm die Glückwünsche in Wien entgegen.

Anna und Sigmund Freud beim 6. Psychoanalytischen Kongreß 1920 in Den Haag.

ihm 350 prominente Schriftsteller, Künstler und Wissenschaftler ihre Glückwünsche darboten. Dieses Geschenk ging unter anderem auf die Initiative von Thomas Mann, Romain Rolland, Jules Romains, Herbert G. Wells, Virginia Woolf

Das Haus wurde abermals von Telegrammen, Briefen, Geschenken und Blumen überflutet. Der Professor erhielt Ehrungen seiner berühmtesten Zeitgenossen: Romain Rolland, H. G. Wells, Einstein, Selma Lagerlöf, Theodore Dreiser und viele andere Prominente und weniger Prominente gratulierten ihm. In jenem Jahr war an ein Fest aber nicht zu denken: Freud, schon von schwerer Krankheit gezeichnet, hatte erst kurz zuvor eine weitere Operation über sich ergehen lassen müssen. Er war schwach, ausgemergelt – er konnte kaum essen –, und das Sprechen fiel ihm sehr schwer.

Zu seinem 80. Geburtstag 1936 bekam Freud eine Halbpfunddose Ossiotr-Kaviar von Anny Katan. „Russische Sympathie" lautete sein lächelnder Kommentar zu der generösen Gabe. Zum gleichen Anlaß erhielt er neben Briefen von Albert Schweitzer und Albert Einstein einen handgearbeiteten, kalligraphisch gestalteten Widmungsband, in dem

und Stefan Zweig zurück. In Freuds Gegenwart fand eine kleine Feier statt, die bei allen, die zugegen waren, einen tiefen Eindruck hinterließ: Thomas Mann las, unter strengstem Ausschluß aller anderen Zuhörer, Freud und seiner Familie den Vortrag vor, den er öffentlich zu Ehren Freuds gehalten hatte (Sachs 1950). Auf der Terrasse wurden Tee und Eis serviert, schreibt Molnar in seinen Kommentaren in der *Kürzesten Chronik.*

Besonders bitter war Freuds 82. Geburtstag im Jahre 1938: Da sie mitten in den Vorbereitungen zur Emigration steckten, beschlossen die Freuds, den Geburtstag zu verschieben „auf ein Datum nach unserer Befreiung" (Jones 1960). Der 83. sollte sein letzter Geburtstag sein. Er beging ihn im Mai 1939 in London, Maresfield Gardens. Einige Freunde, etwa Prinzessin Marie Bonaparte und Yvette Guilbert, kamen, um ihn – möglicherweise nur noch dieses eine Mal – zu sehen.

„,Kennst du das Land wo die Citronen blühen?' Wo nicht muß ich Euch beschreiben, was ich gerade von der flachen Terrasse vor unserem Zimmer im ersten Stock der Cocumella sehe. [...] hohe Nußbäume, wilde Feigenbäume [...]. Was aber so tief grün ist ohne sich zur Höhe der Mauer zu erheben, das sind, was ich durch Erfahrung weiß, Orangen u. Citronenbäume, voll behängt mit grünen Früchten, u. wenn ich aufstehe u. in den Garten hinuntergehe, sehe ich auch in den hintersten Bäumen des Gartens die großen orangegelben Ballons ‚im dunklen Laube glühen'."   *(Freud – Meine Lieben, 3. 9. 1902)*

„Am Vormittag gingen wir in die Rudolfshöhle, eine Viertelstunde von der Station, angefüllt mit allerlei seltsamen Tropfsteinbildungen, Riesenschachtelhalmen, Baumkuchen, Stoßzähnen von unten, Vorhängen, Maiskolben, faltenschweren Zelten, Schinken und Geflügel von oben herabhängend."

(Freud – Wilhelm Fließ, 14. 4. 1898)

„Am nächsten Morgen, nachdem alles abgereist war, trafen wir uns, und abends brachte er [Anm.: gemeint ist sein Halbbruder Emanuel] mich auf die Bahn. Dazwischen haben wir geplauscht, Bier getrunken — meist doch er — waren auf der Festung, in Hellbrunn und so weiter."   *(Freud – Martha Freud, 29. 4. 1908)*

Aus Paris schrieb Freud: „Ich war in Gesellschaft des russischen Arztes Dr. Klikowicz, [...] er hat mir eine Crèmerie gezeigt, in der man für dreißig Centimes das haben kann, wofür man im Café sechzig zahlt, und mich in ein neues Restaurant geführt, in dem man à prix fixe ißt, sich jedoch die Speisen wählt, doppelt so viel zu trinken und etwas mehr zu essen bekommt als im Duval und doch zwanzig Centimes bei einer Mahlzeit spart. Ich würde mehr ersparen, wenn ich anstatt Bier Wein nehmen würde, würde nur ein Franc sechzig anstatt zwei Francs zahlen. Mit meinem anderen Russen, dem wissenschaftlichen, der mich für heute abend zum Tee eingeladen hat, hatte ich vor, mehrere Vorlesungen zu besuchen." *(Freud – Martha Bernays, 8. 11. 1885)*

Über einen Abend in der Comédie Française, wo man „Figaros Hochzeit" von Beaumarchais gab, äußerte Freud sich begeistert und fügte an: „Nach dem Theater gingen wir [...] in eine Brasserie Bier trrinken, und ich kam nicht vor zwei Uhr ins Bett."   *(Freud – Martha Bernays, 17. 1. 1886)*

Aus Salò von einer Reise mit Minna: „Es ist alles sehr behaglich, ohne durch Eleganz zu erdrücken. Die Landschaft kennt Ihr ja, wenn man bei flüchtiger Durchreise kennenlernen kann. Sie ist sehr viel schöner, wenn man in ihr verweilt. Vorgestern haben wir mit dem Motorboot, das heißt allein, eine Fahrt nach S. Vigilio gemacht, der Punkt gehört zum Allerschönsten am Gardasee, also zum Schönsten überhaupt. Es ist ein Ort, um dort in Einsamkeit zu wohnen, für eine Familie natürlich unbrauchbar." *(Freud – Familie Freud, 25. 9. 1908)*

„Woher schreibe ich Ihnen? Von einem Bauernhäuschen auf einem Hügelabhang, fünfundvierzig Autominuten weit von der Berggasse, das sich meine Tochter und ihre amerikanische Freundin (die das Auto besitzt) als Weekendvilla erworben und eingerichtet haben. Wir erwarteten, der Heimweg von Palästina würde Sie über Wien führen, und dann hätten Sie es anschauen müssen."   *(Freud – Arnold Zweig, 8. 5. 1932)*

Sigmund Freud in der Sommerfrische bei Berchtesgaden. 1924.

„Gerne hätte ich mich mit Ihnen in unserem idyllisch schönen, ruhigen Schneewinkl darüber länger
unterhalten, wenn es nur möglich gewesen wäre, Sie hieher zu bitten. Aber im Hause selbst ist kein Platz, und
in Berchtesgaden kein Kämmerchen zu haben. Wir hatten alle möglichen — auch wenig erwünschte — Besucher,
der Reihe nach meine drei Söhne, von denen zwei in ziemlichen Entfernungen endlich Unterkunft fanden."

(Freud — Lou Andreas-Salomé, 28. 7. 1929, aus Haus Schneewinkl)

REISEN

„Wohin wir gehen werden, kann ich Dir noch immer nicht sicher sagen. [...] In den zwei Feiertagen am Ende des Junimonats war ich zu Besuch in Reichenhall bei Mama und Minna und habe mich auf einem Wagenausflug nach dem nahen Thumsee so für das Plätzchen begeistert: Die Alpenrosen bis zur Straße herab, das kleine grüne Wasserbecken, die herrlichen Wälder herum mit Erdbeeren, Blumen und (hoffentlich auch) Pilzen, daß ich nachgefragt habe, ob man in dem einzigen Wirtshaus dort auch wohnen kann."

(FREUD – WILHELM FLIESS, 4. 7. 1901)

Die Sommerfrische, ein ausgedehnter Ferienaufenthalt, gehörte um die Jahrhundertwende zum guten Ton in bürgerlichen (jüdischen) Familien (vgl. Salamander 1990). Auch Freud machte mit seiner Familie regelmäßig ausgedehnten Sommerurlaub, obwohl er sich insgesamt wenig Freizeit gönnte. Die Ferien bedeuteten für Freud ein völlig anderes Leben. Er liebte das Land, besonders die Berge. Schon Monate vor dem Sommer fanden erste Diskussionen mit der Familie und Freunden statt, um für die Ferien zu planen und einen reizvollen Ort zu finden. Oft unternahm er um Ostern eine diesbezügliche Erkundungsreise. Denn er stellte spezielle Anforderungen: ein Haus sollte es sein, mit einem Zimmer, in dem er schreiben konnte, in Höhenlage mit Sonne und guter Luft, mit Wäldern für ausgedehnte Spaziergänge und die Pilzsuche, und vor allem Ruhe – keine Musikpavillons oder andere Zeichen touristischer Überfüllung in der Nähe.

Während der langen Ferien kümmerte er sich intensiv um die Kinder. Für sie waren die Sommer in der freien Natur und mit ihrem Vater immer besonders schön. Gemeinsam streiften sie durch die Wälder, dort entdeckten sie wilde Blumen, Pilze und Beeren; sie aßen frische Feigen direkt vom Baum, unternahmen Bergwanderungen, gingen schwimmen oder fischen (Martin Freud). Freud, ein begeisterter Schwimmer, soll, so Martin, bisweilen kaum aus dem seichten Wasser zu bewegen gewesen sein, nicht einmal zum Essen. Er ließ sich dann von einem Kellner, der ein Tablett balancierte, während er zu ihm ins Wasser watete, erfrischende Getränke und sogar Zigarren und Streichhölzer ins warme Naß bringen (Martin 1958). Überhaupt zeigte Freud während der Ferien ungewohnte Züge. Als es darauf ankam, unternahm er, der sonst von sämtlichen häuslichen Diensten freigestellt war, sogar eine „Versorgungsexpedition", sprich, er kaufte ein (Clark 1981), zum Beispiel Würste und ähnlich Deftiges, denn eine Vorliebe für einfaches, bodenständiges Essen behielten die Freuds auch mit zunehmendem Wohlstand bei, berichtete Martin. Er erinnerte sich besonders gern an einen zünftigen Almbesuch mit frischer Milch, Speck, Lachsforelle und Sterz und einen Gasthausbesuch mit gerösteten Fleischstücken am Spieß. Aber auch von einem bedrohlichen Vorfall auf einer seiner Unternehmungen mit dem Vater wußte der älteste Sohn zu berichten: Während einer anstrengenden Tour in sengender Hitze habe Freud sich mit hochrotem Gesicht und leicht benommen erschöpft am Wegrand niedergesetzt. Als er der Chianti-Flasche im Knappsack des ihn begleitenden Sohnes ansichtig wurde, habe er stumm danach gegriffen und daraus getrunken. Letzteres war ein Detail, das für den Jungen den Ernst der Lage versinnbildlichte, hatte er seinen Vater doch sonst nie aus der Flasche trinken sehen. Kurz darauf war Freud wiederhergestellt und konnte weitergehen.

Als die Kinder erwachsen waren, nahmen die Freuds auch ihre Enkelkinder mit in die Sommerfrische. Zwar sei Professor Freud eher distanziert gewesen, berichtet einer seiner Enkel, jedenfalls kein Großvater, der mit seinen Enkeln „Hoppe-Hoppe-Reiter" spielte (Anton Walter Freud 1999),

aber an ausgedehnte Wanderungen mit dem Großpapa erinnert sich nicht nur Ernst gerne, der von Ausflügen mit den Burlingham-Kindern und Dorothy in deren offenem Wagen auf kleinen Waldwegen berichtete, von Volksliedern, Indianerspielen und Tante Annas Geschichten am Kaminfeuer (W. Ernest Freud 1987).

Viele Meisterleistungen Freuds sind während der Ferienphasen entstanden. So hatte er in der Nacht vom 23. zum 24. Juli 1895, als er im Schloß Bellevue am Cobenzl weilte, einen Traum, den er erstmals als Wunscherfüllung entschlüsseln konnte und der ein paar Jahre später als „Traum von Irmas Injektion" in die *Traumdeutung* einging. Im Sommer 1899, in Riemerlehen bei Berchtesgaden, arbeitete er mit großem Eifer an den letzten Teilen der *Traumdeutung*. Manchmal, so erinnerte sich seine Tochter Anna, war er, wenn er beim Schreiben unterbrochen und zu einer Mahlzeit gerufen wurde, wie in Trance und schien seine Umgebung kaum wahrzunehmen. Dennoch soll der Professor auch mit anderen Feriengästen leutselig ins Gespräch gekommen sein. Er habe sogar – zum anfänglichen Entsetzen seines Sohnes Martin, der befürchtete, sein Vater werde sich lächerlich machen – deren Einladung zu einer Kegelpartie angenommen (und sich dabei erstaunlich gut geschlagen).

Meistens blieben die Freuds aber in vertrauter Gesellschaft: In den Jahren des Ruhms zog meist die ganze Entourage gemeinsam in die Sommerfrische. Die Freuds und die Burlinghams mieteten nebeneinanderliegende Villen in der Nähe eines Hotels, das als infrastrukturelle Basis diente. Es war nicht ungewöhnlich, daß sich ausgewählte Patienten in der Nähe einmieteten, so etwa Prinzessin Marie, die mit Freunden ein Schlößchen in der Nähe des Ferienortes der Freuds am Grundlsee bezog. Hier hatten Freud und sein Gefolge in einem Jahr fünf Häuser in Beschlag genommen – für die Familie sowie für Marie Bonaparte, Ruth Mack Brunswick, Dorothy Burlingham und Eva Rosenfeld.

In den ersten Jahren des 20. Jahrhunderts zog es Freud vor allem nach Rom, Neapel und Athen, wo ihn die Akropolis beeindruckte. Im August 1907 weilte Freud im Hotel Wolkenstein in Sankt Christina im Grödnertal und plante eigentlich eine Weiterreise nach Italien. Er schrieb aber, vor dem Bruch mit den „Jungianern", an den „lieben Herrn Kollegen" Jung von Änderungen seines Plans. „Ich bin nicht wohl genug, um die geplante September-reise nach Sizilien, wo um diese Zeit der Scirocco uneingeschränkt herrschen soll, zu wagen, und weiß daher nicht, wo ich die nächsten Wochen ver-bringen werde. Bis Ende August bleibe ich hier, mit Bergpartien und Edelweißpflücken beschäf-tigt; vor Ende September kehre ich nicht nach Wien zurück" (Freud – C. G. Jung, 18. 8. 1907). Der nächste Brief, der Jung erreichte, kam mit Datum vom 2. September vom Seehof am Ossiacher See in Kärnten, wo Freud im Hotel Annenheim ab-gestiegen war. Und nach Rom kam er noch im glei-chen Monat.

In den späten Jahren verbrachte die Familie die Sommer in der Nähe Wiens, in erster Linie auf dem Semmering. Hier verlief die erste Gebirgs-eisenbahn der Welt, und die wildromantische alpine Landschaft mit ihren prunkvollen Hotelpalä-sten galt um die Jahrhundertwende als „Beletage

der Monarchie". Der exklusive Ort etwa hundert Kilometer südlich von Wien war Freud schon von früheren Aufenthalten bekannt. Bereits 1880 hatte er sich mehrere Tage auf dem Semmering aufge-halten und im Gasthof „Zum Erzherzog Johann" übernachtet.

1924, nach Ausbruch seiner Krebskrankheit, verbrachte er den Sommer in der Villa Schüler auf dem Semmering; dieses Haus wurde auch in den folgenden drei Jahren zu seinem Sommerdomizil. In der Villa entstanden mehrere psychoanalytische Schriften, etwa *Die Widerstände in der Psychoanalyse* oder *Hemmung, Symptom und Angst.* Auch empfing er in dieser Sommerresidenz viele Gäste. 1925 wa-ren etwa Lou Andreas-Salomé, sein Neffe Edward Bernays und Sándor Ferenczi in der Villa. In den Folgejahren kamen Max Eitington, Marie Bona-parte, abermals Sándor Ferenczi, Paul Federn, René Laforgue, Honorio Delgado, Ernest Jones, Ludwig Binswanger, und Dorothy Burlingham begann hier ihre Analyse bei Freud.

Die außergewöhnlich großzügige Gastfreund-schaft des Ehepaares Freud scheint mitunter auch mühsam gewesen zu sein. So schrieb der Professor über den Besuch eines befreundeten Psychoanaly-tikers: „Embden teilt seit ebensolang (eine Woche) unsere Mahlzeiten, lastet ein wenig auf uns allen" (Freud – Ernst Freud 10. 8. 1929).

Die nächsten Sommer bis zur Emigration ver-brachte Freud aus ge-sundheitlichen Gründen ebenfalls in der näheren Umgebung Wiens. Je-doch war er nicht völlig an die Stadt gebunden;

In den Jahren 1924 bis 1927 verbrachte die Familie Freud ihre Sommerferien in der Villa Schüler auf dem Semmering.

so besuchte er beispielsweise im Mai 1930 die Ostseeinsel Hiddensee, wo sein Sohn Ernst ein Sommerhaus hatte. 1931 bewohnte Freud den Sommer über die Mauthner-Villa in Pötzleinsdorf bei Wien. Hier, in der Khevenhüllerstraße 6, begann Oscar Ne-

Während eines Sommeraufenthalts in Pötzleinsdorf entstand Oscar Nemons Büste von Sigmund Freud. 1931.

mon seine Büste von Freud zu schaffen. Letzterer wandte sich an den Künstler mit den Worten: „Ich bin sicher, Sie wissen, daß Ihr Beruf der älteste der Welt ist. Schuf Gott nicht den Menschen aus Lehm?" Auch Freunde und etliche Stammpatienten wurden nach genau festgelegtem Terminplan in die Ferienvilla nach Pötzleinsdorf gebeten, dort einquartiert und bewirtet. Analysanden in Pötzleinsdorf waren u. a. Dorothy, Marie Bonaparte und Jeanne Lampl-de Groot. 1932 erreichte ihn hier der Brief Albert Einsteins, der später nebst der Antwort Freuds unter dem Titel „Warum Krieg" veröffentlicht wurde.

1933 bezog die Familie eine Sommerwohnung auf der Hohen Warte 46 in Döbling. Hier erfuhr Freud von der Bücherverbrennung in Berlin (bei der auch seine eigenen Werke den Flammen übergeben wurden) und empfing den Besucher H. G. Wells, dem er später von seinen Phantasien, Engländer zu sein, berichtete (Freud – H. G. Wells, 16. 7. 1939). Mit zwei alten Klassenka-

Sigmund und Martha Freud beim Kaffeetrinken in Pötzleinsdorf. Um 1932.

meraden feierte er im Juli 1933 den 60. Jahrestag der Matura. Anfang der dreißiger Jahre fuhr er auch wiederholt nach Hochrotherd, wo Anna und Dorothy nun ein Wochenendhaus hatten. 1934 bis 1937 mietete Freud sich in der Strassergasse 47 in Grinzing ein, wo er mit der Arbeit an dem historischen Roman *Der Mann Moses* begann. Besuch empfing er in diesen Sommern wieder von engen Freunden wie Marie Bonaparte, aber auch von dem italienischen Schriftsteller Giovanni Papini, mit dem er über die Kokainepisode sprach. Der indische Philologe Suniti Chatterji veröffentlichte seine Eindrücke von der Begegnung mit Freud in bengalischer Sprache. Mit Thornton Wilder und Thomas Mann diskutierte Freud über sein Moses-Buch und seine Religionstheorie. Anläßlich seines 80. Geburtstags 1936 kam Thomas Mann nach Grinzing, um seinen Vortrag zur Kenntnis zu bringen, den Freud aus Gesundheitsgründen nicht hatte hören können. Wilhelm Krauss begann in der Strassergasse im gleichen Sommer sein Ölporträt von Freud, und Arnold Zweig war im August gleich mehrmals zu Gast. Unter anderem las Freud auch ihm aus seinem Moses-Manuskript vor. Der letzte Sommer, 1937, den Freud in Grinzing verbrachte, sollte auch der letzte in Österreich sein.

Von den ausgedehnten Sommerferien im Kreise der engeren und weiteren Familie sowie Wahlverwandten abgesehen, reiste Freud oft und gern allein, ohne Familie bzw. ohne seine Frau. Aufwendige Reisen mit der siebenköpfigen Familie seien zu kostspielig (Freud – Martha Freud, 15. 9. 1910). Es klingt auch an, wie sehr er einen zeitweiligen Rückzug von der turbulenten Familie brauchte und sich nach einer Bildungsreise mit Gleichgesinnten sehnte. „Ich versprach, Dir noch vom ‚Vergnügen' zu schreiben. Thumsee ist wirklich ein kleines Paradies, besonders für die Kinder, die hier wild gefüttert werden, sich miteinander und mit den Gästen um die Boote raufen, auf denen sie dann unserem

Minna Bernays, Martha und Sigmund Freud in Schneewinkl. 1929.

besorgten Elternblick entschwinden. Mich hat der Umgang mit den Fischen bereits gehörig verdummt, doch habe ich noch nicht die freie Seele, die ich mir sonst in den Ferien hole, und mir ahnt, 8 – 12 Tage Öl und Wein werden nicht zu entbehren sein" (Freud – Wilhelm Fließ, 7. 8. 1901).

Freud liebte Italien und begeisterte sich außerordentlich für dessen Kulturschätze. Das Land bot unzählige Anregungen im Hinblick auf seine Interessen für Archäologie und Antiquitäten. Er besuchte 1896 Florenz, kam 1897 bis nach Perugia, lernte 1901 Rom und ein Jahr später Neapel kennen. Rom zog ihn immer wieder an. Der Reisende

hatte ein Geldstück in die Fontana di Trevi geworfen und „die Hand in die Bocca della verità bei S. Maria Cosmedin gesteckt, mit dem Schwur, daß ich wiederkomme" (Freud – Wilhelm Fließ, 19. 9. 1901). Und er kam wieder: Aus seinem Domizil Eden Hotel beschrieb er 1913 abermals das „unvergleichlich schöne Rom" (Freud – Karl Abraham, 21. 9. 1913).

Obwohl er Ende der neunziger Jahre auch mit Martha eine Italienreise machte oder später in Karlsbad mit ihr kurte, schätzte er als Reisebegleitung besonders auch seinen Bruder Alexander und seine Schwägerin Minna, die Schwester seiner Frau. Er genoß ihre Gegenwart und den intellektuellen Austausch mit ihr. „Heute regnet es sanft aber stetig. Minna ruht in ihrem Zimmer aus, ich gedenke meinen Granatapfel (zehn ctm.) zu essen, dann zu rauchen und die neue Patience zu legen. Sehr viel Talent zum Lebensgenuß kommt in späten Jahren bei mir zum Vorschein" (Freud – Familie Freud, 25. 9. 1908).

Trotz seines Bedürfnisses, ohne Anhang zu verreisen, scheint Freud Reisepläne gegebenenfalls auch umgestoßen zu haben, wenn familiäre Belange dies erforderten. So sagte er ein Treffen mit seinem intimen Freund Wilhelm Fließ in Berlin ab, unter anderem mit der Begründung: „Es geht mir von keiner Seite zusammen, nicht ärztlich [...], nicht in der Familie, wo allerlei mit den Kindern los war [...] und meine Frau, die sonst niemals ein Hindernis für kleine Reisen sein will, gerade diese Reise sehr ungern sieht, u. dgl. mehr. Kurz, es geht nicht zusammen [...]" (Freud – Wilhelm Fließ, 1. 8. 1890).

Auch Martha Freud unternahm in späteren Jahren Reisen ohne ihren Mann. Sie kurte mit ihrer Schwester oder besuchte ihre erwachsenen Kinder in Hamburg und Berlin, wo sie auch Familie Fließ oder die Eitingtons traf (Freud – Martha Freud, 1. 4. 1930). Zu Berlin hatte sich ohnehin bereits eine enge Verbindung ergeben, lange bevor Eitington die psychoanalytische Klinik dort eröffnete und Freuds Krankheit immer wieder Aufenthalte in der deutschen Hauptstadt erforderlich machte. „Geliebte Alte", schrieb Freud aus Palermo, „Eben wieder Briefe geholt, Martins lobenswerte Mitteilungen und Deine Zuschrift, und erfahre also, daß Du zu dieser Zeit in Berlin zur Abreise rüstest und morgen früh zu Hause ankommst, wenn wir nach Girgenti, der letzten Station vor Syrakus abreisen" (Freud – Martha Freud, 15. 9. 1910).

Selbstverständlich waren viele außerfamiliäre Reisen Freuds gewissermaßen „Dienstreisen", denn mit zunehmender Berühmtheit und internationaler Bedeutung erweiterte sich der berufliche Radius des Professors. Kongresse, Vorträge und Vorlesungen führten ihn in viele europäische Städte und Länder und, 1909, auf Einladung der Clark-Universität, auch nach Amerika. Die Reise dahin war ein großes Ereignis und bewies internationale Anerkennung. Gleichzeitig hatte er Vorbehalte gegenüber Amerika bzw. der amerikanischen Kultur im allgemeinen und dem amerikanischen Essen im besonderen (Roazen 1999). E. L. Doctorow hat Szenen der abenteuerlichen Unternehmung, die Freud nach einem „Gruß von der Einschiffung"

Besuch an der Clark University, Worcester, Massachusetts. Hinten v. l. n. r.: Abraham A. Brill, Ernest Jones, Sándor Ferenczi. vorne v. l. n. r. Freud, G. Stanley Hall (der Präsident der Universität), C. G. Jung. 1909.

auf einer Ansichtskarte (Freud – Paul Federn, 21. 8. 1909) angetreten hatte, gedanklich nachempfunden.

„Brill und Jones übernahmen für die Zeit des Besuchs die Rolle von Gastgebern. An den folgenden Tagen zeigten sie Freud den Central-Park, das Metropolitan Museum und Chinatown. Katzenhafte Chinesen starrten aus düsteren Läden nach ihnen. Da gab es Glasbehälter gefüllt mit Litschinüssen."

„Brill fuhr die Gesellschaft zur Lower East Side mit ihren jiddischen Theatern und Schubkarren und Hochbahnen. Die gräßlichen Züge ratterten an den Fenstern von schäbigen Mietshäusern vorbei, in denen Menschen leben sollten. Die Fenster vibrierten, und keiner schien ihm sagen zu können, wo eine Bedürfnisanstalt zu finden sei. Sie mußten alle in ein Milchrestaurant gehen und Sauerrahm mit Gemüseallerlei bestellen, damit Freud austreten konnte" (aus: E. L. Doctorow: *Ragtime*, Roman).

Auf   Reisen

„Es war eine entzückende Einsamkeit, Berg, Wald, Blumen, Wasser, Schlösser, Klöster und keine Menschen. — Auf dem Rückweg begann es zu regnen, aber gnädig. Das Abendessen hat dann sehr geschmeckt."
(Freud — Familie Freud, 20. 4. 1905)

„Wir essen hier zu Mittag auf unserer großen Semmeringpartie, natürlich Dolfi und ich. Um halb zwei Uhr fahren wir nach Payerbach, gehen dann ein Stück, übernachten irgendwo und fahren morgen früh zurück", schrieb er aus Meidling (Freud — Martha Bernays, 23. 7. 1885) und ergänzte ein paar Stunden später: „Alles ist sehr schön gegangen, das herrlichste Wetter, beste Butter, Honig und Viertel gespritzt, alles präsentiert sich in schönstem Glanz."
(Freud — Martha Bernays, 23. 7. 1885)

Von einer Italienreise, die er mit seinem Bruder Alexander unternahm, schrieb er seiner daheimgebliebenen Frau: „Wir sind enorm wohl und haben den ganzen Tag zu gehen, zu fahren, zu schauen, zu essen und zu trinken. Früh immer zum Lido, zwanzig Minuten, um im Meer zu baden, den köstlichen Sand zu Füßen. Gestern war ein kühler Tag und das Meer bewegt; heute fängt es heiß an. Dann sind wir gestern auf den Turm von San Marco, haben die Stadt vom Rialto aus durchwandert, was die merkwürdigsten Dinge sehen läßt, haben eine Kirche, Frari, und die Scuola San Rocco besichtigt, Tintorettos, Tizians und Canovas zur Übersättigung genossen, waren viermal im Café Quadri auf dem Platz, haben Briefe geschrieben, Unterhandlungen wegen Ankäufen angeknüpft, und die zwei Tage scheinen ein halbes Jahr."
(Freud — Martha Freud, 27. 8. 1895)

„Ich lebe hier in Rom ganz einsam, in irgendwelchen Phantasien und gedenke erst in den letzten Tagen des Monats heimzukehren. Meine Adresse ist Hotel Milano. Ich habe mit Beginn der Ferien die Wissenschaft tief begraben und möchte jetzt wieder zu mir selbst kommen und etwas aus mir herausholen. Dafür ist die unvergleichliche Stadt der richtige Ort."
(Freud — C. G. Jung, 19. 9. 1907)

„Liebe Kinder, Ich habe mir nach der Schilderung die Piazza Colonna genau angesehen — man soll es eigentlich vorher tun — und muß einiges korrigieren. Es ist freilich ein schöner Springbrunnen darauf, auf dessen Einfassung die Leute sitzen, dafür fährt keine Elektrische durch, sondern nur Stellwagen. So schwer ist das richtige Beobachten. Heute war übrigens zum ersten Mal keine Platzmusik. Herzliche Grüße Papa."
(Freud — Familie Freud, 23. 9. 1907)

Aus Altaussee schreibt Freud: „Bis zum letzten Tag in Maloja hat uns die Sonne nicht geniert. Dann wurde es aber heiß, selbst für oben, und es fehlte uns der Mut, nach Chiavenna, das heißt an die Seen herabzugehen. Ich glaube, es war klug, denn einige Tage später in Innsbruck gab es für uns beide Zustände von lähmungsartiger Schwäche. Seither ist es auch immer heißer geworden und hier in unserem schönen Obertressen liegen wir von zehn Uhr früh bis sechs Uhr abends auf verschiedenen Unterlagen herum, ohne einen Schritt über die Grenze unseres kleinen Gutes zu wagen."
(Freud — Wilhelm Fließ, 20. 8. 1898)

Crème caramel

⅛ l Milch
1 Ei
1 Eigelb
2 Teelöffel Vanillezucker
1 Prise Salz
2 Eßlöffel Zucker

Den Zucker in einem Pfännchen schmelzen und unter Rühren bräunen,
bis eine dunkel goldgelbe Karamelmasse entstanden ist. Diese in feuerfeste
Förmchen füllen und kalt stellen, bis sie fest ist. Milch, Ei, Eigelb, Salz und
Vanillezucker verquirlen und in die Förmchen gießen. Die Förmchen mit Alufolie
gut verschließen. Mit der Öffnung nach oben in einen mit heißem Wasser
gefüllten Topf stellen und bei schwacher Hitzezufuhr etwa 40 Minuten garen,
bis die Milchmasse fest ist. Die Förmchen aus dem Wasser nehmen, Folie
entfernen, abkühlen lassen und mindestens zwei Stunden in den Kühlschrank
stellen. Die Förmchen vor dem Servieren kurz in heißes Wasser tauchen und den
Inhalt auf die Teller stürzen. Nach Belieben mit frischem Beerenobst, Kirschen,
Pfirsichspalten oder flüssigem Schlagrahm (Schlagsahne) garnieren.

„Freud traf an Bord des Lloyd-Dampfers George Washington in New York ein. Er war in Begleitung
seiner Schüler Jung und Ferenczi, beide einige Jahre jünger als er. Sie wurden am Kai von weiteren
jüngeren Freudianern empfangen, den Doktoren Ernest Jones und A. A. Brill. Man speiste gemeinsam in
Hammerstein's Dachgartenrestaurant. Dort standen Palmen in Kübeln. Ein Klavier-Geigenduo spielte
Liszts Ungarische Rhapsodie. Alle um Freud unterhielten sich, beobachteten ihn aber ständig, um
seine Stimmung abschätzen zu können. Er aß Crème caramel."
Aus: E. L. Doctorow, „Ragtime"

Die letzten sechzehn Lebensjahre Sigmund Freuds waren von seiner schweren Krebserkrankung überschattet.

DIE LETZTEN JAHRE

KRANKHEIT

„Wie es mir geht? Langsame Erholung von der Operation, die die ärgste war seit 1923, auch weil der Schnitt von außen gemacht wurde. Kann noch nicht ordentlich essen und rauchen, spreche mit Anstrengung, die Schmerzen sind im Rückzug, ich arbeite wieder 3 Stunden täglich."

(FREUD – JEANNE LAMPL-DE GROOT, 8. 10. 1938)

Freud war jahrzehntelang kaum ernstlich krank. Aus den ersten vierzig Jahren seit seiner Eheschließung sind nur zwei Gelegenheiten bekannt, bei denen er das Bett hüten mußte: das erste Mal wegen eines (in der *Traumdeutung* erwähnten) schmerzhaften Furunkels, das zweite Mal, als er an einer Halsentzündung litt. Andererseits gab es ständig beeinträchtigende Gesundheits- und Befindlichkeitsstörungen sowie Unpäßlichkeiten. Freud litt immer wieder unter „vasovagalen Reflexen" mit „Zirkulationsstörungen" sowie

neuralgischen Herz- und Gastrointestinalbeschwerden, etwa „Gallenanfällen". Die Darm- und Verdauungsbeschwerden, deretwegen er wiederholt zur Kur nach Karlsbad fuhr, sprechen für einen reizbaren, spastischen Dickdarm. Die Symptome wurden etwa mit Belladonna, wiederholten Trinkkuren sowie Joghurttabletten behandelt, raubten ihm dennoch oft den Schlaf und veranlaßten ihn, Nächte hindurch an seinen Schriften zu arbeiten. Später kamen Prostatabeschwerden dazu. Freud mußte dementsprechend häufig Wasser lassen, ein Symptom, das besonders während seines Amerika-Aufenthalts lästig wurde – Freud meinte, es gebe in Amerika zu wenige Toiletten. Zeitweise traten leichte Bronchitiden und als Folge einer Mittelohrentzündung Hörstörungen und ein sehr störendes Ohrrauschen auf, wie sein „Leibarzt" Max Schur berichtete. Jedoch war Freuds allgemeiner Gesundheitszustand auch in höherem Lebensalter (abgesehen vom Mundhöhlenbefund) erstaunlich gut, wie der Arzt befand. Herz und Aorta waren (als mögliche Folge der Herzbeschwerden) kaum nennenswert erweitert, und trotz des starken Rauchens hatte er weder eine chronische Bronchitis noch eine Lungenblähung.

In den zwanziger und vor allem dreißiger Jahren jedoch verschlechterte sich der Zustand Freuds erheblich: Seit seinem 24. Lebensjahr leidenschaftlicher Raucher, konnte bzw. wollte er nicht von den Zigarren lassen, denn Rauchabstinenz wirkte sich schlecht auf seine Stimmung und Arbeitsfähigkeit aus. Auch auf ärztliches Anraten im Zusammenhang mit seinen Herzbeschwerden stellte er das Rauchen nicht ein und unterließ es selbst dann nicht, als ein Karzinom diagnostiziert wurde.

Freud entdeckte 1923 die ersten Anzeichen dieser Krankheit, die die letzten sechzehn Jahre seines Lebens in ein Martyrium verwandeln sollte, ohne ihn seiner wissenschaftlichen Schaffenskraft zu berauben: Er bat einen seiner Freunde, den Arzt Felix Deutsch, beiläufig, sich „etwas" in seinem Mund anzusehen. Es war eine bösartige Schleimhautveränderung. Kurz darauf wurde Freud operiert. Aus dem Sanatorium Auersperg schrieb am er am 17. Oktober 1923: „Liebe Mutter, Alle die Du fragst, werden Dir bestätigen, daß ich mich hier am Vierten und Elften dieses Monats einer Operation am Oberkiefer habe unterziehen lassen (müssen), die dank der Geschicklichkeit des Operateurs und der Vortrefflichkeit der Pflege einen sehr guten Verlauf nimmt." Viele Eingriffe sollten diesem ersten folgen. Dabei wurden ihm etwa – teils unter lokaler Betäubung! – nach Eröffnung der Wange weite Teile des Oberkiefers und des Gaumens, und damit der Scheidewand zwischen Mund- und Nasenhöhle, entfernt. Insgesamt unterzog Freud sich im Laufe der Jahre wegen seines Mundhöhlenkarzinoms mehr als dreißig quälenden Eingriffen. Teilweise waren die Wunden so

groß, daß sie mit einem Hauttransplantat von Freuds Oberarm gedeckt werden sollten. Bronchopneumonie, Knochenhautentzündung, die in ihrer akuten, infektiösen Form sehr schmerzhaft ist, und andere Komplikationen sowie Begleiterscheinungen der Krebserkrankung – Gewichtsverlust – traten auf. Behandelt wurde Freud, abgesehen von den wiederholten chirurgischen Eingriffen und Elektrokoagulationen, unter anderem mit regelmäßigen Orthoform-Applikationen, Bestrahlungen und Androgeninjektionen zur „Kräftigung". Auch eine Steinach-Operation (Unterbindung beider Samenleiter) wurde im November 1923 durchgeführt, in der Hoffnung, ihn zu stärken und damit sein Krebsleiden positiv zu beeinflussen. Schmerz- und Beruhigungsmittel nahm er kaum, eventuell Lokalanästhetika, Aspirin oder Pyramidon, selten Stärkeres, vermerkte Schur. Freud ließ nichts unversucht und holte den Rat mehrerer Spezialisten ein. Er reiste wiederholt zu dem Kieferchirurgen Professor Schröder nach Berlin. Dort hielt er sich 1928 mehrere Wochen lang auf, damit eine verbesserte Prothese angefertigt werden konnte. „Selbst gehe ich deutlicher Besserung entgegen, die ich noch in diesem Monat nach Hause zu bringen hoffe", schrieb er aus Schloß Tegel (Freud – Sándor Ferenczi, 12. 10. 1928).

Der ausgedehnte Krebs- und Wundherd, die zahlreichen mund- und kieferchirurgischen Eingriffe, die funktionell unbefriedigende Versorgung des Defekts mit einer Prothese, Kieferklemme, das Unvermögen, zu kauen und die fast permanenten Schmerzen machten eine spezielle Mehlspeisenkost und fast flüssige Ernährung (Zuckerwasser) des Kranken erforderlich. Es gab zumeist breiige Speisen, Püriertes, Weichgekochtes, Haschiertes oder Bries (W. Ernest Freud 2000). Sein Appetit wurde aber immer geringer, und damit auch sein Gewicht, das er ausgerechnet mit Kaviar zu erhöhen versuchte (Freud – Meine Lieben 14. 6. 1930). Was dekadent anmuten mag, hatte seine Berechtigung: Als Kaviar, der reich an Fett, Eiweiß, Zink, Jod und Vitaminen ist, noch reichlich vorhanden war, fütterten russische Eltern ihre Kinder damit, um Rachitis vorzubeugen, und Ärzte empfahlen den Störrogen häufig zum Wiederaufbau der Abwehrkraft nach Operationen. Trotz dieser Maßnahme magerte Freud weiter ab. Nur die von Paula zubereiteten Gemüsesuppen aß er meist ganz auf, ebenso sein Lieblingsdessert: selbstgemachtes Vanilleeis. Die kalte Speise wird sich zugleich lindernd auf seine ständigen Wundschmerzen ausgewirkt haben.

Von den Familienmahlzeiten zog Freud sich in diesen Jahren mehr und mehr zurück: „Das Essen war eine Prüfung, bei der er am liebsten allein blieb", schrieb Jones. Während Freud auf diese Weise seine Beziehungen zu Menschen krankheitsbedingt immer mehr einschränkte, intensivierte er seinen Kontakt zu den Hunden der Familie, deren Fütterung er überwachte (Sachs 1950). Als die Tiere sich kurz vor seinem Tod, als die Krebswunden zunehmend nekrotisierten, von ihm abwandten, wußte Freud, daß sein Ende nun unmittelbar bevorstand.

EMIGRATION

JUDEN AM BAHNHOF
Bahnhofstelle. Kofferträger. Menschenmenge.
Lärm. Geschrei.
„Nächster Zug geht neunzehn zwanzig, drüben –
auf Gleis zwei."
Eine Viertelstunde Zeit noch und
dann dampft der Zug davon.
Ach, wer kennt nicht dieses Warten,
dumpf und bang Aufschlag auf dem Perron.

Auf der Bahnhofsuhr die Zeiger kriechen
unbarmherzig kalt,
Denn die Zeit kennt keine Ruhe und
keinen Aufenthalt.
Händedrücke, Segenswünsche.
Wehmut jedes Herz befällt.
Was ist los? Nichts.
Ein paar Juden fahren in die weite Welt.

(AUS: WALTER LINDENBAUM,
VON SEHNSUCHT WIRD MAN HIER NICHT FETT.
TEXTE AUS EINEM JÜDISCHEN LEBEN)

Nach dem „Anschluß" Österreichs an das Deutsche Reich im März 1938 sah sich die Familie Freud gezwungen, Wien zu verlassen. Sie war umgehend von SA-Männern und der Gestapo aufgesucht worden. Martha Freud führte die Männer mit eisiger Würde ins Wohnzimmer und „bat" sie dort kühl, Platz zu nehmen. Zuvor hatte sie ihnen mit der gleichen kalten Beherrschtheit angeboten, die Gewehre für die Dauer des Besuchs im Regenschirmständer zu deponieren (Martin Freud). Dann leerte sie den Inhalt ihres Portemonnaies auf den Tisch. Die Haushälterin erinnerte sich: „‚Bedienen Sie sich', hat die Frau Professor dann gesagt, als wenn's eine Schüssel mit Knödeln gewesen wär'." Nachdem Anna einen Tag festgehalten und verhört worden war, schien der Entschluß zur Emigration unumgänglich zu sein.

Von da ab konzentrierte sich alles auf die dringend gebotene Flucht. Diplomatische Aktivitäten zum Schutz vor den Nazis, der Kampf um alle notwendigen Genehmigungen, Papiere, Pässe und Steuererklärungen und der Wettlauf mit der Zeit bestimmten die letzten Wochen in Wien. Freunde halfen dabei, den schwerkranken Freud und seine Angehörigen – einschließlich der Haushälterin Paula und ärztlicher Begleitperson – außer Landes zu bringen. Eine wesentliche Rolle dabei spielte

Das Eingangstor zum Haus Berggasse 19, aufgenommen von Edmund Engelman im Mai 1938, kurz vor der Emigration der Familie. Engelman erhielt seine weltberühmte Serie von rund 150 Aufnahmen später von Anna Freud zurück. Der Fotograf starb im April 2000 92jährig in New York.

Prinzessin Marie Bonaparte, die Freud bei den Nazis freigekauft hatte. Ab März 1938 hielt sie sich wochenlang in Wien auf. Sie wohnte in der griechischen Botschaft, nahm aber ihre Mahlzeiten bei den Freuds in der Berggasse ein. Tagelang postierte sie sich vor der Tür bzw. im Treppenhaus, wo ihr Paula ab und zu „einen Becher Tee oder Schokolade" reichte (Berthelsen 1987). Die ständige Anwesenheit der Prinzessin bedeutete Schutz für die Familie.

Währenddessen liefen die Vorbereitungen für die Ausreise auf Hochtouren. Nach fast achtzig Jahren in Wien sah Freud seinem Exil zweifellos mit tiefer Ambivalenz entgegen. Der Rettung und Befreiung stand das bittere Abschiednehmen gegenüber. In diesen Wochen der Auflösung der Wohnung in der Berggasse 19 mußte sich die

Auf dem Weg ins Londoner Exil machte die Familie Station im Pariser Domizil von Marie Bonaparte. Auch Yvette Guilbert fand sich ein und unterhielt die Gäste durch Gesang.

Familie von sehr vielem trennen. Auch die beiden abgenutzten und speckigen Kochbücher wurden auf Wunsch der Familie aussortiert und sollten weggeworfen werden, Paula holte sie jedoch unbemerkt wieder hervor. Im Laufe der Jahre hatten Familie, Bekannte, Freunde und Patienten handgeschriebene und in die Bücher eingelegte Rezepte beigesteuert: Spezialitäten von Lucie Freud, Katherine Jones und Dorothy Burlingham gehörten zu dieser Sammlung. Martha Freud hatte ein Rezept für „Essigzwetschken" notiert und auf der Rückseite dieser Notiz Bemerkungen zum Ersten Weltkrieg hinterlassen. Paula schmuggelte beide Bücher nebst Loseblattsammlung in ihrem Gepäck mit ins Exil nach London.

Am 3. Juni waren alle Vorbereitungen für die Ausreise abgeschlossen. Die Familie saß ein letztes Mal am Eß-zimmertisch in der Berggasse, Paula servierte Tee. Die Stimmung war gedrückt, gesprochen wurde kaum. Freud hob die Runde auf: „Heute wollen wir einmal etwas früher zu Bett gehen." Am nächsten Morgen, dem Pfingstsamstag, bereitete Paula wie immer das Frühstück zu: das übliche weiche Ei mit ein wenig Tatar für den Professor, Weißbrot und Konfitüre für die anderen. Auf Geheiß von Anna, die sich sorgte, ob ihr Vater die Reise durchstehen werde, erhielt dieser zusätzlich ein Glas Wermut. Gegen Mittag traf die Familie am Wiener West-bahnhof ein, um mit dem Orient-Expreß zunächst nach Paris zu reisen, wo an-derntags am Gare de l'Est ein großes Presseaufgebot ihrer harrte. Die Durchrei-senden waren Gäste im Pa-riser Haus Marie Bonapar-tes. Dort wurden ihnen im Garten Getränke und zum Abendessen Austern offe-riert (Berthelsen 1987). Nach einer ruhigen Über-fahrt nach England erreichten die Emigranten am 6. Juni Victoria Station in London. Berühmte Per-sönlichkeiten und die Bevölkerung bereiteten Freud und seiner Entourage einen herzlichen Empfang.

Das Haus 20 Maresfield Gardens in London war die letzte Station auf Freuds Lebensweg.

LONDON

„Also 20 Maresfield Gardens als unsere hoffentlich letzte Adresse auf diesem Planeten aber nicht vor Ende Sept zu gebrauchen. Ein eigenes Haus! Sie können sich vorstellen, mit welchen Ansprüchen an unser eingeschrumpftes Vermögen angekauft. Und viel zu schön für uns ... "

(FREUD – JEANNE LAMPL-DE GROOT, 22. 8. 1938)

Übergangsweise bezogen die Freuds ein Haus in 39, Elsworthy Road. „Es ist noch alles traumhaft unwirklich", schrieb Sigmund Freud am 6. 6. 1938 im „ersten Brief aus dem neuen Hause" an Max Eitington. Dann berichtete er von den Strapazen der Reise: „...in der Tat haben die Schwierigkeiten der Reise sich bei mir in schmerzhafter Herzmü-digkeit ausgewirkt, wogegen ich reichlich Nitro-glycerin und Strychnin genossen habe."

Drei Monate nach ihrer Ankunft in London zog Familie Freud in das von ihrem Sohn Ernst, einem Architekten, umgebaute Haus Maresfield Gardens 20 in Hampstead. „Meine liebe Marie, Es ist nur recht und billig, daß der erste Brief vom Home an Sie gerichtet sein soll", schrieb er seiner Fluchthelferin. Ein Jahr war Freud nach seiner Emigration nach England noch vergönnt.

Smiley Blanton, ein Analysand, dessen Sitzun-gen im Hotel Esplanade, Maida Vale, stattfanden, berichtete, daß seine Frau sich Sorgen mache, wie Freud die englische Küche überstehen würde. Freud habe sie beruhigt, indem er sagte, daß der Küchenchef des Hotels Franzose sei. Er schien von der englischen Küche ohnehin weder viel zu erwarten noch zu halten. Paula sollte den Kaffee weiterhin stets „continental" kochen, den Professor zur Stärkung wie gehabt regelmäßig mit einem Gläschen Wermut versorgen und Tatar, Ham and Eggs, weichgekochten Tafelspitz oder zarte Wiener Schnitzel servieren.

Trotz seiner schweren Krankheit empfing Freud weiterhin Gäste. Zu den Besuchern zählten im Sommer 1938 H. G. Wells sowie Salvador und

Tafelspitz

1 Tafelspitz von ca. 2 bis 3 kg
300 g Wurzelwerk (Sellerie, gelbe Rüben, Karotten,
Petersilienwurzel)
200 g Zwiebeln in der Schale
Lauch
15 Pfefferkörner
Salz
ca 4,5 Liter Wasser
1 kg Rindsknochen
Salz

Zwiebeln halbieren, in Pfanne an der Schnittfläche sehr dunkel,
fast schwarz braten. Wurzelwerk waschen, schälen. Tafelspitz und
Knochen warm waschen. Wasser zum Kochen bringen, Tafelspitz,
Knochen und Pfefferkörner in das Wasser geben, schwach wallend
kochen. Eine Stunde vor Garungsende Wurzelwerk, Lauch
und Zwiebeln beigeben. Schaum ständig abschöpfen. Fertig gegartes
Fleisch aus der Suppe heben. Suppe würzen, durch ein feines Sieb
oder Tuch gießen, Fleisch in fingerdicke Tranchen schneiden (gegen
den Faserlauf), mit Suppe begießen. Dazu passen Kartoffelschmarren
und Apfelkren (-meerrettich) oder Schnittlauchsauce.

Wie in den meisten gutbürgerlichen Wiener Haushalten, die sich nach dem Vorbild
des alten Kaisers richteten, kam auch bei den Freuds häufig Rindfleisch auf den Tisch.

Gala Dalí. Der Maler wurde von Stefan Zweig eingeführt und durfte Skizzen von Freud anfertigen. Eine Serie von Zeichnungen auf einem Blatt trägt den Titel „Morphologie des Schädels von Sigmund Freud nach dem Prinzip der Spirale und der Schnecke". Die Idee für diese Skizzen sei ihm bei einem Abendessen in Frankreich gekommen, sagte Dalí dazu. Denn bei jener inspirierenden Abendtafel hatte es Schnecken als ersten Gang gegeben, man sprach über eine psychoanalytische Arbeit Marie Bonapartes, und bei seiner Ankunft in Paris sah er eine Fotografie von Freud. Dalí war nicht der einzige Künstler, der Freud in seinem Exil porträtierte; wenige Monate vor seinem Tod saß der Gelehrte in London noch Modell für eine Büste, die der Künstler Peter Lambda, Sohn des ungarischen Analytiker-Paares Kata und Lajos Levy, von ihm anfertigte.

Marie Bonaparte, Prinz Georg von Griechenland, Sigmund Freud und sein Bruder Alexander im Garten von Maresfield Gardens.

Yvette Guilbert kündigte sich für das Frühjahr 1939 an (Freud – Yvette Guilbert, 24. 10. 1938). Auch Freuds ehemaliger Patient, der berühmte „Wolfsmann" Sergej Pankejeff, machte seinem früheren Analytiker seine letzte Aufwartung. Leonard und Virginia Woolf, Freuds englische Verleger, besuchten ihn Ende Januar zum Tee. Im März wurde Freud Mitglied und Ehrenpräsident des Londoner „Austrian Center", eines österreichischen Kulturzentrums, über das es hieß, die Hauptattraktion sei ein Kaffeehaus, das mit allen Wiener Spezialitäten, Guglhupf und Linzertorte aufwarte. Der Schirmherr konnte am Vereinsleben jedoch nicht teilnehmen: Sein Zustand verschlechterte sich weiter. Marie Bonaparte brachte ihm in ihrer Ratlosigkeit zur Ablenkung selbstgedrehte Reisefilme mit (Bertin 1989).

Bis zum Sommer 1939 ließ Freud weiterhin Patienten kommen, dann war auch das nicht mehr möglich. Ab August lag der Sieche entweder in seinem Arbeitszimmer, gebettet mit Blick auf den Garten, oder, in Decken gehüllt, auf der Terrasse und empfing die letzten Besuche. Nur noch selten wollte und konnte er etwas zu sich nehmen. Aber „immer war in dem Krankenzimmer eine ruhige, heitere, geradezu gemütliche Stimmung", berichtete seine ihm liebste Schwiegertochter, die Frau seines Sohnes Ernst (Lux Freud – Felix Augenfeld, 2. 10. 1939). Anna kümmerte sich bis zum Rande der Erschöpfung um den Todkranken. Als Freud eines Nachts aufwachte, flüsterte er ihr, die bei ihm im Arbeitszimmer schlief, zu: „Ich glaube, jetzt könnte ich etwas essen." Anna weckte Paula, die sofort in die Küche eilte und zwei Scheiben weiches Weißbrot und ein paar Spiegeleier zubereitete (Berthelsen 1987). Freuds Qualen wurden in diesen Wochen schließlich immer schlimmer, und er bat seinen Arzt um Hilfe. Der versetzte den Professor medikamentös in einen Schlaf, aus dem er nicht mehr erwachte. Am 23. September 1939, kurz nach Ausbruch des Zweiten Weltkriegs, starb Sigmund Freud im Alter von 83 Jahren.

NACH FREUDS TOD

*„Sonst geht das Leben seinen Gang weiter, man
kocht, deckt den Tisch und man ißt."*

(ANNA FREUD – PAULA FICHTL, 12. 9. 1940)

Nach Freuds Tod und während des Zweiten Weltkriegs war nichts mehr wie früher. Maresfield
Gardens wurde vollends zu einem „Frauenhaus",
die Tochter Anna zum Familienoberhaupt. Zum
häuslichen Kreis um Anna gehörten ihre Lebensgefährtin Dorothy sowie Tante Minna, Mutter
Martha, die Haushälterin Paula sowie weiteres
Hauspersonal. Anna und Dorothy arbeiteten uner-
müdlich, Minna war pflegebedürftig, und Martha
Freud, die Witwe, saß nach seinem Tod meist still
in einem Sessel. Sie beging erstmals nach mehr als
fünfzig Jahren wieder die jüdischen Feste und ent-
zündete fortan jeden Freitag die Sabbatkerzen.

Der auf dem Konti-
nent tobende Krieg
wirkte sich auch
auf Hampstead aus.
Gemeinsam mit ihrer
Lebensgefährtin baute
Anna Freud die Kriegs-
kinderheime „Hamp-
stead Nurseries" auf.
Während bereits die
meisten Privathaushal-
te die Folgen der Nah-
rungsmittelknappheit
spürten, bekamen die
Heimkinder dank groß-
zügiger Unterstützung
vor allem von ameri-
nischer Seite verhält-
nismäßig reichlich zu
essen. „Solange Zwiebeln, Zitronen, Orangen und
Bananen zwar knapp, aber noch vorhanden waren,
konnten wir uns darauf verlassen, daß unser
Gemüsehändler so viel als möglich für uns reser-
vierte. [...] Die älteren Kinder bekommen große
Mengen von Äpfeln, gedünstet mit Vanillesauce,
in Apfelkuchen und roh. Äpfel sind das einzige
Frischobst, das im Moment erhältlich ist. Daneben
verwenden wir viel Gemüsesalat (rohe Karotten,
rote Rüben) und Kopfsalat" (Anna Freud, Berichte
aus den Kriegskinderheimen, 2. Monatsbericht,
März 1941).

In der privaten Küche in Maresfield Gardens
mußte in den Jahren der Lebensmittelrationierung
meist improvisiert werden. Viele Nahrungsmittel
kamen von Freunden, etwa von Kurt Eissler in
New York, der Kaffee und Würste schickte. Ein-
fachste Gerichte waren an der Tagesordnung: Gerichte ohne Eier oder „War cakes" mit einem
Zuckerersatz (Berthelsen 1987).

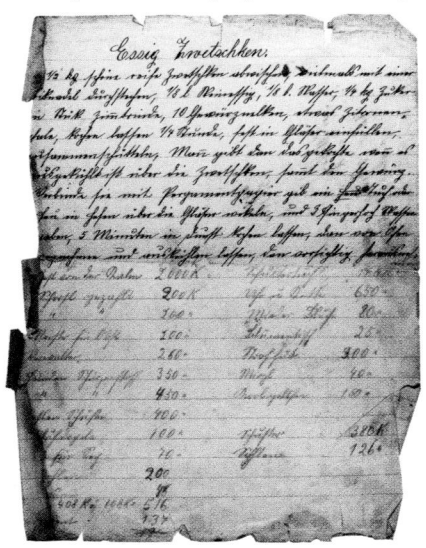

**Handgeschriebenes Rezept von Martha Freud;
auf der Rückseite notierte sie eine Prophe-
zeiung über den Ausgang des 1. Weltkriegs.**

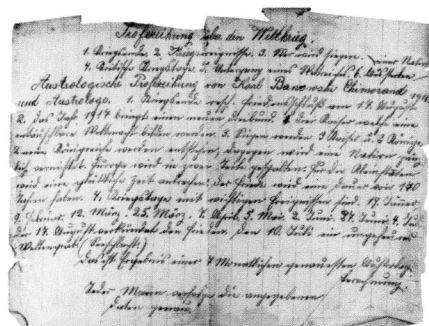

„AN DEN ABENDSTERN.
*Bei der Knappheit der Rationen,
und der Eßlust der Personen,
ist es wohl ein Glück hienieden,
wenn ein Freund uns ist beschieden,
der sich trennt von seinen Schätzen,
die dem Andern zu versetzen.
Ham + Jam und Käs und Butter
Und noch manches andre Futter.
Wenn dann all die Herrlichkeiten
Auf dem Küchentisch sich breiten,
schwimmt die Paula voll im Glücke
und vergißt des Tages Tücke.
Darum ruf ich laut und gern:
Lang lebe unser Abendstern!"*

(WEIHNACHTSGEDICHT, VERFASST
VON ANNA FREUD FÜR PAULA, 1943;
BERTHELSEN 1987)

Kaiserschmarren

6 Eiklar
6 Eidotter
2 Eßlöffel Schlagobers (Schlagsahne)
2 Eßlöffel Rosinen
4 Eßlöffel Kristallzucker
60 g Mehl, glatt
Zitronenschale, gerieben
Vanillezucker
Prise Salz
50 g Butter zum Backen
Zucker zum Bestreuen

Eiklar mit Kristallzucker und Salz zu steifem Schnee schlagen. Eidotter,
flüssiges Obers (Sahne), Vanillezucker und Zitronenschale beimengen, Mehl
vorsichtig unterheben. Butter in entsprechend großer Pfanne (oder zwei
Pfannen) schmelzen, Masse in die Pfanne einfließen lassen, mit Rosinen
bestreuen. Zuerst am Herd anbacken, dann im vorgeheizten Backrohr braun
backen. Wenn die Masse optimal gebacken ist, mit zwei Gabeln vorsichtig
zerteilen, mit Kristallzucker bestreuen und am Herd nachbräunen.
Mit Zucker bestreuen. Dazu paßt Zwetschkenröster (Pflaumenkompott).

Diese kalorienreiche österreichische Spezialität pflegte Paula Fichtl manchmal ungefragt auch
Patienten im Wartezimmer zu servieren, worüber der Professor nicht wenig pikiert war.

Im ersten Nachkriegswinter waren Dorothy und Anna noch geschwächt, und auch Martha bedurfte der Betreuung. Paula pflegte die Frauen, kochte literweise Tee und Brühe und ließ nichts unversucht, um frisches – noch immer rationiertes – Obst aufzutreiben. Auch nachdem wieder Normalität in den Alltag eingekehrt war, mußte sie als Köchin Abstriche machen. Denn Anna, das neue Familienoberhaupt, behielt die während des Krieges zwangsläufig karge Kost weitgehend bei und aß fortan „gesund" und fettarm. Letzteres wohl auch infolge des Einflusses ihrer ernährungsbewußten Lebensgefährtin: Dorothy, erinnert sich W. Ernest Freud, hatte stets große Mengen an Obst, Gemüse und Obstsäften auf Vorrat, und zum Frühstück bevorzugte sie

Nach Kriegsbeginn gründete Anna Freud die „War Nurseries" in Hampstead und Essex (oben), um durch den Krieg obdachlos gewordenen und traumatisierten Kindern Unterkunft und psychologische Hilfe zu geben.

Cereals, also eine Art Müsli. Anna und Dorothy gelangten zu der Überzeugung, daß Eier wegen des Cholesteringehalts krank machten, und rührten auch die nicht mehr an. Paula bedauerte, daß sich die Damen so verköstigten, denn sie hätte gerne, wie früher in Wien, öfter Salzburger Nockerln, Guglhupf oder Soufflés zubereitet. Hin und wieder setzte sie aber ihre Vorstellungen eines wohlschmeckenden Essens durch und hörte dann mit Genugtuung von Dorothy: „Liebe Paula, ich habe gerade von dem Schokoladenkuchen gegessen, und es war sehr schmackhaft."

Was sich nicht änderte war, daß „Freud's place" nach wie vor ein internationaler Anziehungspunkt war und blieb. Der Name Anna Freud, untrennbar mit der Begründung der Kinderpsychoanalyse verbunden, zog weiterhin zahlreiche Besucher an. Alte Freunde wie Prinzessin Marie Bonaparte, neue Patienten wie Marilyn Monroe oder Lord Astor sowie in- und ausländische Analytiker strömten ins Haus.

Die meisten von ihnen, nicht nur Marie Bonaparte, die oft mit Anna dinierte, kamen in den Genuß der Kochkünste Paulas. Nach den wöchentlichen Seminaren servierte sie der internationalen Analytikerszene Selbstgebackenes. Dorothy pflegte beim Tee mit ihrer Freundin Anna zu scherzen: „Aus den Tiefen des Unbewußten zum Duft von Paulas Guglhupf aufzutauchen, ist immer eine erfreuliche Rückkehr in die Wirklichkeit" (Berthelsen 1987).

Die Hausangestellte führte, fast wie in alten Zeiten in der Berggasse, Gäste gern ins ehemalige Arbeitszimmer Sigmund Freuds und rollte auf einem Teewagen Guglhupf und Kaiserschmarren herein. Im Haus übernachtenden Gästen brachte sie einen Imbiß und Kaffee aufs Zimmer (Berthelsen 1987). Paula setzte alles daran, sich unentbehrlich zu machen. „Dear Princess Tatiana, very many thanks for your kind letter which gave me great pleasure. When you come to England again, I hope you will let me cook a nice dinner for you in Maresfield Gardens. With all good wishes, Paula" (Ansichtskarte von Paula Fichtl/Anna Freud an Prinzessin Tatiana Radziwill, St. Tropez).

Viele sahen in Paula längst einen Teil der Familie, und in den fünfziger Jahren wurde die „Perle" während einer Amerika-Reise von Kurt Eissler, jahrzehntelang „Gralshüter" der Freudschen Lehre, eingeladen. „Zu Dr. Eissler, wo ich mit Herrn und Frau Dr. Eissler Abendessen hatte, Hühnerleberpastete, Schnitzel mit Gemüse, Salat und Kuchen, die wohnen 285 Central Park West", vermerkte sie über den Abend.

Im Mai 1956 fand anläßlich des 100. Geburtstags Sigmund Freuds eine große Feier in Maresfield Gardens statt. Paula empfing die Gäste an der Tür und bekam, wie immer, überschwengliche Komplimente für ihre Leckereien. Sie fand ein reiches Betätigungsfeld: Anna Freud, die das Werk ihres Vaters fortführte, hatte aus Maresfield Gardens ein lebendiges Haus, ein geistiges und kulturelles Zentrum und eine wissenschaftliche Einrichtung von internationalem Rang gemacht. Zwar hatte ihre Arbeit schon zu Lebzeiten ihres Vaters internationale Beachtung gefunden, aber in den über vierzig Jahren, die sie nach seinem Tod in London lebte und wirkte, erlangte „Miss Freud" fast ebensoviel Ruhm wie er.

In den siebziger Jahren begann der letzte Akt hinter den Mauern von Maresfield Gardens: Ein Unfall Paulas wurde zum Anlaß, den Haushalt grundlegend anders zu organisieren. In diesem Zusammenhang wurden auch die Kochtöpfe, die schon in der Berggasse auf dem Herd gestanden waren, ausgemustert und ersetzt – ein Ereignis von tiefer symbolischer Bedeutung für Paula. 1979

starb Dorothy. Mit ihr war Anna mehr als ein halbes Jahrhundert zusammengewesen. Sophie Freud, Martins Tochter, versuchte nach dem Tode Dorothys in die entstandene emotionale Lücke im Leben ihrer bewunderten Tante zu schlüpfen. Sie erlebte Anna als nicht optimal versorgt und betreut. Das Haus verfiel baulich zusehends, und die gebrechliche Paula war kaum noch in der Lage, den Haushalt zu führen. Das Kochen sei zunehmend über ihre Kräfte gegangen, was sie sich nicht eingestehen konnte und wollte. Als Folge habe Anna an vielen Tagen „ungenießbares Essen" bekommen (Sophie Freud 1997).

Im März 1982 erlitt Anna einen Schlaganfall. Sie war gelähmt und konnte kaum sprechen. Zunächst wurde sie im Krankenhaus behandelt. Im Sommer konnte sie zu Hause noch ein paar Besucher empfangen. Nur mühsam unterhielt sie sich mit ihnen über Erinnerungen, Ereignisse in London, über Bekannte und Freunde und auch über die Psychoanalyse. Sophie Freud reichte ihr in diesem letzten Sommer, wenn sie sie besuchte, im Garten Getränke und zog die Haut von Trauben ab, ein Obst, das Anna „köstlich" fand. Annas Gedanken waren so klar wie immer, aber infolge des Schlaganfalls konnte sie sich nur noch mit größter Mühe artikulieren, nicht gehen und kaum essen und trinken. „Könnte ich doch nur wieder richtig ein Glas Wasser trinken und wieder selber, wie Yo-Fie [Anm: der Hund], gehen", das war ihr größter Wunsch (Salber 1985). Doch ihr Befinden besserte sich nicht mehr. Anna Freud starb am 8. Oktober 1982.

ZEITTAFEL

1856 Am 6. Mai wird Sig(is)mund Schlomo Freud als erster gemeinsamer Sohn Jakob Freuds (1815–1896) und seiner Frau Amalia, geb. Nathanson (1835–1930), im mährischen (heute tschechischen) Freiberg (Pribor) geboren. Sigmunds Halbbrüder aus der ersten Ehe des Vaters haben etwa das gleiche Alter wie Amalia. Der Beziehung zwischen Jakob und Amalia entstammen sieben Kinder, davon starb ein Junge kurz nach der Geburt. Freud wuchs auf mit fünf Schwestern (Anna, geb. 1858; Rosa, geb. 1860; Mitzi, geb. 1861; Dolfi, geb. 1862, Pauline, geb. 1863) und einem Bruder (Alexander, geb. 1866).

1860 Aus wirtschaftlichen Gründen zieht die Familie zunächst nach Leipzig. Kurz darauf läßt sie sich in bescheidenen Verhältnissen in Wien nieder, wo Freud bis 1938 lebt.

1865 Nach Privatunterricht daheim tritt Freud ein Jahr früher als üblich in das Gymnasium ein und entwickelt besonderes Interesse für Geisteswissenschaftliches. Intensive Klassiker-Lektüre.

1873 Matura mit Auszeichnung. Man bescheinigt ihm exzellenten deutschen Sprachstil. Nachdem er die Goethe zugeschriebene *Schrift über die Natur* kennengelernt hat, entscheidet er sich für das Medizinstudium. Bald spürt er an der Universität antisemitische Tendenzen und fühlt sich auch deswegen „in der Opposition".

1878–1880 Beginn der Freundschaft mit Josef Breuer, der 1880 mit der Behandlung von Anna O. beginnt und ihn immer wieder in vielfacher Hinsicht unterstützt. Militärdienst, Übersetzungen, denkt an wissenschaftliche Karriere.

1881 Studienabschluß und Promotion nach acht Jahren an der Universität.

1882 Freud lernt im April seine spätere Frau Martha Bernays (1861–1951) kennen und verlobt sich mit ihr am 17. Juni. Mangels Aufstiegsmöglichkeiten im Brücke-Institut und in Vorbereitung einer Familiengründung entschließt Freud sich später zur Aufgabe der wissenschaftlichen Laufbahn zugunsten der Eröffnung einer Privatpraxis.

1883 Seine Verlobte zieht mit ihrer Familie zurück in ihre Heimatstadt Wandsbek bei Hamburg. Vier Jahre Trennung folgen. Freud besucht seine Braut bis 1886 etwa sechsmal.

1884 Freud widmet sich der Erforschung der Wirkungen des Kokains, verpaßt aber eine Chance zu frühem Ruhm.

1885 Freud vernichtet persönliche Unterlagen und Notizen. Bricht zu einer mehrmonatigen Studienreise nach Paris auf, um an der Klinik Salpêtrière von und bei Professor Jean-Martin Charcot zu lernen. Zutiefst beeindruckt durch Anschauungsunterricht über hysterische Fälle, Hypnose und Suggestion. Übersetzt Charcots Vorlesungen, reges kulturelles Leben.

1886 Studienaufenthalt in Berlin. Zurück in Wien, berichtet er Kollegen über Hysterie und das, was er bei Charcot gesehen hat: man nimmt es schlecht auf. Eröffnet Ostern eine Privatpraxis. Am 14. September 1886 heiratet er nach vierjähriger Verlobungszeit Martha Bernays in Hamburg und bezieht eine Wohnung im Kaiserlichen Stiftungshaus in der Maria-Theresienstraße.

1887 Geburt der nach Frau Breuer benannten Tochter Mathilde. Beginn der Korrespondenz mit dem Berliner Hals-Nasen-Ohrenarzt Wilhelm Fließ. Freud setzt in seinen Behandlungen neben Elektrotherapie immer häufiger Hypnose ein. 1888 wendet er erstmalig eine von Breuer inspirierte Methode (Emmy von N.) an

1889 Geburt des nach Charcot benannten Sohnes (Jean-) Martin.

1891 Geburt des nach Cromwell benannten Sohnes Oliver und Umzug in die Berggasse 19, in der Familie Freud bis zum 5. Juni 1938 wohnen, Freud ordinieren und berühmte Zeitgenossen empfangen wird. Mitte der neunziger Jahre stößt auch Marthas unverheiratete Schwester Minna zum Haushalt der Freuds in der Berggasse.

1892 Geburt des nach Brücke benannten Sohnes Ernst. Zusammenarbeit mit Breuer. Methode der freien Assoziation.

1893 Geburt der Tochter Sophie. Vorarbeiten zu den mit Breuer veröffentlichten *Studien über Hysterie*.

1895 Geburt der Tochter Anna, die als einziges seiner sechs Kinder ebenfalls Psychoanalytikerin wird. Veröffentlichung der Studien über Hysterie. Im Juli erster Traum („Traum von Irmas Injektion"), den Freud als „Wunscherfüllung" analysiert und der damit Wegbereiter für das entscheidende Werk *Die Traumdeutung* wird.

1896 Tod des Vaters. Erster Vortrag über die sexuellen Ursachen bei Hysterie stößt auf heftige Ablehnung.

1897 Freud wird von Zweifeln an seinen Theorien geplagt und fühlt sich stark isoliert.

1899 Erscheinen der auf 1900 vordatierten *Traumdeutung* im November.

1900 Freud ist über die Annahme seiner *Traumdeutung* enttäuscht. Beginn der Behandlung von „Dora".

1901 Abkühlung der Beziehung zu Fließ.

1902 Ernennung zum außerordentlichen Professor. Erste Schüler beschäftigen sich eingehend mit Freuds Theorien. Psychologische Mittwoch-Gesellschaft.

1904 Endgültiges Ende der Beziehung zu Fließ aufgrund von beruflichen Meinungsverschiedenheiten.

1905–1908 Veröffentlichung wichtiger psychoanalytischer Schriften, Professionalisierung der Organisation der Psychoanalyse, 1908 „Wiener Psychoanalytische Vereinigung" (WPV).

1908 Im April 1. Psychoanalytischer Kongreß in Salzburg. Informelle Gründung der deutschen Sektion, Berlin.

1909 Vorträge und Ehrendoktorat in Amerika an der Clark-Universität, Worcester, Massachusetts. Behandlung des „Rattenmanns" und des „Kleinen Hans".

1910 Gründung der Internationalen Psychoanalytischen Vereinigung (IPV), C. G. Jung ist deren Präsident.

1911 Eingliederung von Lou Andreas-Salomé in den beruflichen und privaten Kreis um Freud. Differenzen und Demission unter den Anhängern Freuds.

1912 Weitere Spannungen und Irritationen in der Anhängerschaft Freuds. Bildung eines inneren Kreises, des „Geheimen Komitees"(Freud, Jones, Ferenczi, Abraham, Rank und Sachs, später auch Eitington).

1913 Abspaltung der „Jungianer". Kongreß in München.

1914 Freuds Söhne treten in den Krieg ein. Sorgen um sie, Rückgang der Patientenzahl und andere Auswirkungen des Krieges führen zu einer kummervollen und desolaten Phase in Freuds Leben.

1914–1918 Trotz der besonders schwierigen Umstände veröffentlicht Freud mehrere Schriften.

1918 Erste Erfolge der Psychoanalyse in psychiatrischen Kreisen. Behandlung des „Wolfsmanns". Beginn der mehrjährigen Analyse der Tochter Anna.

1920 Im Januar tragischer Tod der Tochter Sophie Freud-Halberstadt. Kongreß in Den Haag. In Berlin Eröffnung der von Max Eitington getragenen ersten psychoanalytischen Klinik mit angeschlossenem Psychoanalytischen Institut. Verschiebung des Zentrums der Psychoanalyse von Wien nach Berlin. Gründung des Internationalen Psychoanalytischen Verlages.

1923 Entdeckung des Mundhöhlen- bzw. Gaumenkrebses bei Freud. Erste Operation, der bis zu seinem Tod etliche

folgen sollten. Der Sohn seiner Tochter Sophie stirbt vierjährig.

1924 Anna ist längst anerkanntes Mitglied der Wiener Psychoanalytischen Vereinigung und wird zur Stütze ihres Vaters. Mehrere Schriften und erste Bände der *Gesammelten Schriften* erscheinen.

1925 Beginn der engen Freundschaft mit Prinzessin Marie Bonaparte. Richtungsstreitigkeiten in der nun internationalen psychoanalytischen Bewegung.

1926–1930 Verleihung des Goethe-Preises der Stadt Frankfurt an Freud. Anna nimmt ihn für ihren kranken Vater entgegen. 1930 Tod der Mutter. 1932 Briefwechsel mit Albert Einstein über das Thema „Warum Krieg?"

1933 Machtergreifung Hitlers. Im Mai in Berlin Bücherverbrennung, auch der Werke Freuds.

1936 Freuds 80. Geburtstag. Festvortrag von Thomas Mann. Der Internationale Psychoanalytische Verlag wird von der Gestapo liquidiert.

1938 „Anschluß" Österreichs an Nazideutschland. Hausdurchsuchung in der Berggasse, Anna wird von der Gestapo verhört. Internationale Freunde, Verehrer und Getreue intervenieren zugunsten Freuds. Im Juni kann die Familie über Paris nach London emigrieren.

1939 Am 23. September stirbt Freud in seinem Londoner Haus Maresfield Gardens, drei Wochen nach Beginn des Zweiten Weltkriegs.

1940–1945 Posthum erscheinen letzte Schriften und erste Bände der *Gesammelten Werke*. Anna Freud, Pionierin der Kinderpsychoanalyse, gründet dank privater Spenden mit ihrer Lebens- und Arbeitsgefährtin Dorothy Burlingham die Kriegskinderheime und später die Hampstead Clinik, das Anna Freud Centre.

1945–1982 In der Nachkriegszeit wird die Psychoanalyse (wieder) zu einer international etablierten wissenschaftlichen Theorie, Behandlungstechnik und Kulturanschauung. Maresfield Gardens wird zu einem ihrer Zentren und wird von internationalen Besuchern und Patienten aufgesucht. 1951 stirbt Martha Freud, 1979 Dorothy Burlingham.

1982 Im Oktober Tod von Anna Freud infolge eines Schlaganfalls. Maresfield Gardens wird später zum Freud Museum London.

LITERATUR

Die genannten Werke stellen keinesfalls eine Auswahlbibliographie zu Sigmund Freud und seinem Werk dar. Es handelt sich lediglich um die Angabe derjenigen Titel und Quellen, die bei der Abfassung des vorliegenden Textes in irgendeiner Form berücksichtigt wurden. Die verwendeten Auszüge und Zitate aus Freuds Schriften sind, wenn nichts anders vermerkt ist, den Gesammelten Werken bzw. der Studienausgabe (siehe dort) entnommen worden.

Andreas-Salomé, Lou (1958): In der Schule bei Freud. Tagebuch eines Jahres: 1912–1913. Aus dem Nachlaß herausgegeben von Ernst Pfeiffer. Hans Huber, Bern

Appignanesi, Lisa/Forrester, John (1994): Die Frauen Sigmund Freuds. List, München – Leipzig

Barta-Fliedl, Ilsebill/Gugler, Andreas/Parenzan, Peter (Hg.) (1998): Tafeln bei Hofe. Dölling & Galitz, Hamburg

Ben-Gideon, Moshe (1999): Alles koscher. Geschichten von vergessenen Genüssen. Hirzel, Stuttgart – Leipzig

Bernays Heller, Judith (1956): Freuds Mutter und Vater. In: *Commentary,* 21/1956, S. 418–421

Bernfeld, Siegfried/Cassirer-Bernfeld, Suzanne (1981): Bausteine der Freud-Biographik. Eingeleitet, herausgegeben und übersetzt von Ilse Grubrich-Simitis. Suhrkamp, Frankfurt/Main

Berthelsen, Detlef (1987): Alltag bei Familie Freud. Die Erinnerungen der Paula Fichtl. Hoffmann und Campe, Hamburg

Bertin, Célia (1989): Die letzte Bonaparte. Freuds Prinzessin. Ein Leben. Kore, Freiburg/Breisgau

Brecht, Karen/Friedrich, Volker et al. (1985): Here life goes on the most peculiar way. Psychoanalysis before and after 1933. Kellner, Hamburg

Chronik Café Landtmann (1998): In: Hauszeitung, herausgegeben anläßlich des 125jährigen Bestehens (auch im Internet: www.landtmann.at)

Clark, Ronald W. (1981): Sigmund Freud. S. Fischer, Frankfurt/Main

Cremerius, Johannes (1995): Freud und die Dichter. Kore, Freiburg/Breisgau

„Das Gehirn des Jahrhunderts. Wie Albert Einstein aus Gedanken ein Universum schuf". In: *Der Spiegel* 50/99, 13. 12. 1999, S. 260–280

Davies, Erica/Molnar, Michael et al. (Hg.) (1998): 20 Maresfield Gardens. A Guide to the Freud Museum. Serpent's Tail, London – New York

Decker, Hanna (1991): Freud, Dora and Vienna 1900. The Free Press, New York

Didi-Hubermann, Georges (1997): Erfindung der Hysterie: die photographische Klinik von Jean-Martin Charcot. Fink, München

Doctorow, Edgar Laurence (1976): Ragtime. Picador, London (Deutsche Ausgabe: 1982, Reinbek/Hamburg), Roman

„Ein Jahrhundert zwischen Freud und Leid. Die Psychofalle". In: *Der Spiegel* 25/98, 15. 6. 1998, S. 192–207

Ellenberger, Henry F. (1973/1996): Die Entdeckung des Unbewußten. Geschichte und Entwicklung der Dynamischen Psychiatrie von den Anfängen bis zu Janet, Freud, Adler und Jung. Hans Huber, Bern

Engelman, Edmund (1993): Sigmund Freud. Wien IX., Berggasse 19. Photographien und Rückblick: Edmund Engelman. Einleitung und Bildlegenden: Inge Scholz-Strasser. Christian Brandstätter, Wien

Farrell, John (1996): Freud's Paranoid Quest. Psychoanalysis and Modern Suspicion. New York University Press, New York – London

Federn, Ernst (Hg.) (1984): Freud im Gespräch mit seinen Mitarbeitern. Aus den Protokollen der Wiener Psychoanalytischen Vereinigung. Fischer, Frankfurt/Main

Flem, Lydia (1993): Der Mann Freud. Campus, Frankfurt/Main

Freud, Anna (1941): Berichte aus den Kriegskinderheimen „Hampstead Nurseries". In: Die Schriften der Anna Freud. Fischer, Frankfurt/Main (1987), Band II, S. 375–386

Freud, Anton Walter (1999): Interviewbeitrag in: Eine Couch auf Reisen. TV-Dokumentation, 22. 9. 1999, ORF/3sat

Freud, Anton Walter (2000): Persönliche Mitteilung

Freud, Ernst/Freud, Lucie (Hg.) (1980): Sigmund Freud. Briefe 1873–1939. Fischer, Frankfurt/Main

Freud, Ernst/Freud, Lucie/Grubrich-Simitis, Ilse (Hg.): (1978/1998): Sigmund Freud. His Life in Pictures and Words. With a biographical sketch by K. R. Eissler. Norton, New York – London

Freud, Ernst L. (Hg.) (1988): Brautbriefe. Briefe an Martha Bernays aus den Jahren 1882 bis 1886. Fischer, Frankfurt/Main

Freud, Martin (1958): Sigmund Freud. Man and Father. The Vanguard Press

Freud, Sigmund (1960): Gesammelte Werke. 18 Bände und ein Nachtragsband. Fischer, Frankfurt/Main

Freud, Sigmund (1989): Studienausgabe. Zehn Bände und ein Ergänzungsband. 1969–1975. 11., korr. Aufl., Fischer, Frankfurt/Main

Freud, Sigmund (1996): Tagebuch 1929–1939. Kürzeste Chronik. Herausgegeben und eingeleitet von Michael Molnar. Stroemfeld, Basel – Frankfurt/Main

Freud, Sophie (1993/1995): Buchbesprechung: Sigmund Freud: Tagebuch 1929–1939. Kürzeste Chronik. In: *Psyche* 7/95, S. 672–679

Freud, Sophie (1997): Meine drei Mütter und andere Leidenschaften. Econ, Düsseldorf – Wien

Freud, Sophie (1999): Persönliche Mitteilung am Rande des 2. Weltkongresses für Psychotherapie, The World Council for Psychotherapy (WPC), 4.–8. Juli 1999, Wien

Freud, W. Ernest (1987): Die Freuds und die Burlinghams in der Berggasse. Persönliche Erinnerungen. In: Leupold-Löwenthal, Harald/Scholz-Strasser, Inge (Hg.) (1990): Sigmund-Freud-Vorlesungen 1970–1988, Böhlau, Köln – Wien, S. 200–214

Freud, W. Ernest (1988): Ziemlich düsterer Alltag in der Berggasse. Buchbesprechung: Berthelsen, Detlef: Alltag bei Familie Freud. Die Erinnerungen der Paula Fichtl. In: *Psyche* 9/88, S. 843–845

Freud, W. Ernest (2000): Persönliche Mitteilung

Freud Bernays, Anna (1940): Mein Bruder Sigmund Freud. In: *The American Mercury.* 51 (1940), S. 335–342

Freud-Löwenstein, Andrea (1994): Das Sorgenmädchen. Eine Kindheit im Hause Freud. Econ, Düsseldorf – Wien

Gardiner, Muriel (Hg.) (1972): Der Wolfsmann vom Wolfsmann. Sigmund Freuds berühmtester Fall. Fischer, Frankfurt/Main

Gauchet, Marcel/Swain, Gladys (1997): Le vrai Charcot. Les chemins imprévus de l'inconscient. Calmann-Levy, Paris

Gay, Peter (1985): Freud für Historiker. Edition Diskord, Tübingen

Gay, Peter (1989): Freud. Eine Biographie für unsere Zeit. Fischer, Frankfurt/Main

Gay, Peter (1998): Mehr als eine Theorie der Seele. Freud und die Erforschung des Ich. In: *Der Spiegel* 53/98, 28. 12. 1998, S. 97–106

Gidal, Nachum T. (1988): Die Juden in Deutschland von der Römerzeit bis zur Weimarer Republik. Bertelsmann Lexikon Verlag, Gütersloh

Gilman, Sander L. (1994): Case of Sigmund Freud. Medicine and identity at the Fin de siècle. Johns Hopkins University Press

Goldschmidt, Georges-Arthur (1999): Als Freud das Meer sah. Freud und die deutsche Sprache. Ammann, Zürich (und Vortrag am 23. 11. 1999 in der Reihe „Literatur und Psychoanalyse", Literaturhaus Hamburg)

Haas, Herta (1999): Persönliche Mitteilung, Dezember 1999

Halberstadt-Freud, Hendrika C. (1996): Studies on hysteria one hundred years on: a century of psychoanalysis. In: *Int J Psychoanal,* 1996, Okt. 77, S. 983–996

Hamburger Adreßbücher, Staatsarchiv Hamburg

Hermann, Armin (1994): Einstein. Der Weltweise und sein Jahrhundert. Eine Biographie. Piper, München

Herzig, Arno (Hg.) (1991): Die Juden in Hamburg 1590–1990. Dölling & Galitz, Hamburg

Hülsemann, Irmgard (1998): Lou. Das Leben der Lou Andreas-Salomé. Claassen, München

Israels, Han (1999) Der Fall Freud. Die Geburt der Psychoanalyse aus der Lüge. Europäische Verlagsanstalt, Hamburg

Jones, Ernest (1953): Life and Works. Volume I–III. Hogarth Press, London 1953

Jones, Ernest (1960): Das Leben und Werk von Sigmund Freud. Band I–III. Hans Huber, Bern – Stuttgart – Wien

Kästner, Ingrid/Schröder, Christina (1990): Sigmund Freud. Hirnforscher, Neurologe, Psychotherapeut. J. A. Barth, Leipzig

Kaplan, Marion (1997): Jüdisches Bürgertum. Frau, Familie und Identität im Kaiserreich. Dölling & Galitz, Hamburg

Kaufmann, Uri R. (1996): Jüdische Mädchenbildung. In: Kleinau, Elke/Opitz, Claudia (Hg.): Geschichte der Mädchen- und Frauenbildung, Band III, Campus, Frankfurt/Main, S. 99–112

Kerr, John (1994): Eine höchst gefährliche Methode. Freud, Jung und Sabina Spielrein. Kindler, München

Kopitzsch, Franklin/Tilgner, Daniel (Hg.) (1998): Hamburg-Lexikon. Zeiseverlag, Hamburg

Krüll, Marianne (1992): Freud und sein Vater. Die Entstehung der Psychoanalyse und Freuds ungelöste Vaterbindung. Fischer, Frankfurt/Main

Kürschner-Pelkmann, Frank (1997): Jüdisches Leben in Hamburg. Ein Stadtführer. Dölling & Galitz, Hamburg

Lindenbaum, Walter (1998): Von Sehnsucht wird man hier nicht fett. Texte aus einem jüdischen Leben. Herausgegeben von Herbert Exenberger und Eckart Früh. Mandelbaum, Wien

Leitner, Thea (1991): Fürstin, Dame, Armes Weib. Ungewöhnliche Frauen im Wien der Jahrhundertwende. Ueberreuter, Wien

Leupold-Löwenthal, Harald/Lobner, Hans/Scholz-Strasser, Inge (Hg.) (1994): Sigmund Freud Museum, Katalog. Christian Brandstätter, Wien

Lohmann, Hans-Martin (Hg.) (1983): Das Unbehagen in der Psychoanalyse. Eine Streitschrift. Qumran, Frankfurt/Main – Paris

Lohmann, Hans-Martin (1997): Sigmund Freud. Rowohlt, Reinbek bei Hamburg

Louven, Astrid (1991): Die Juden in Wandsbek 1604–1940. Spuren der Erinnerung. 2., verbesserte und erweiterte Auflage, Heinevetter, Hamburg

Malcolm, Janet (1997): In the Freud archives. With a new afterword. Macmillan, London

Mannoni, Octave (1971): Sigmund Freud, Rowohlt, Reinbek bei Hamburg

Marcer, Roberto (1998): Women in the Freud Family and their influence on Psychoanalysis. Workshop, VIIth International Meeting of the International Association of the History of Psychoanalysis (IAHP), 16th–18th July, London

Marcuse, Ludwig (1972): Sigmund Freud. Sein Bild vom Menschen. Diogenes, Zürich

Martynkewicz, Wolfgang (1999): C. G. Jung und Sabina Spielrein. Rowohlt, Berlin

Masson, Jeffrey Moussaieff (1986): Sigmund Freud. Briefe an Wilhelm Fließ 1887–1904. Bearbeitung der deutschen Fassung von Michael Schröter. Fischer, Frankfurt/Main

McGuire, William/Sauerländer, Wolfgang (Hg.) (1984): Sigmund Freud – C. G. Jung. Briefwechsel. Fischer, Frankfurt/Main

Mettele, Gisela (1996): Der private Raum als öffentlicher Ort. In: Hein, Dieter/Schulz, Andreas (Hg.): Bürgerkultur im 19. Jahrhundert, Beck, München, S. 155–169

Mühlleitner, Elke (1992): Biographisches Lexikon der Psychoanalyse. Die Mitglieder der Psychologischen Mittwoch-Gesellschaft und der Wiener Psychoanalytischen Vereinigung 1902–1938. Edition Diskord, Tübingen

Mühlleitner, Elke/Reichmayr, Johannes (1997): Die Freudianer in Wien. Die Psychologische Mittwoch-Gesellschaft und die Wiener Psychologische Vereinigung 1902–1938. In: *Psyche,* November 1997, S. 1051–1103

Muschg, Walter (1989): Freud als Schriftsteller. In: Bodenheimer, A. R. (Hg.) (1989): Freuds Gegenwärtigkeit. Zwölf Essays. Reclam, Stuttgart, S. 118–161

Nitzschke, Bernd (1998): Aufbruch nach Inner-Afrika. Essays über Sigmund Freud und die Wurzeln der Psychoanalyse. Vandenhoek & Ruprecht, Göttingen

Olvedi, Ulli (1992): Frauen um Freud. Die Pionierinnen der Psychoanalyse. Herder, Freiburg/ Breisgau

Paterson, Mark/Roberts, Thomas (1999): Sigmund Freud Copyrights, 10b Brook Street, Wivenhoe, Colchester, GB (Persönliche Mitteilungen)

Pfeiffer , Ernst (Hg.) (1980): Sigmund Freud – Lou Andreas-Salomé. Briefwechsel. Fischer, Frankfurt/Main

Reichmayr, Johannes (1990): Spurensuche in der Geschichte der Psychoanalyse, Stroemfeld, Basel

Roazen, Paul (1997): Sigmund Freud und sein Kreis. Psychosozial, Gießen

Roazen, Paul (1999): Wie Freud arbeitete. Berichte von Patienten aus erster Hand. Psychosozial, Gießen

Robert, Marthe (1967): Die Revolution der Psychoanalyse. Fischer, Frankfurt/Main

Sachs, Hanns (1950): Freud. Meister und Freund. Ein subjektives psychologisches Portrait des großen Psychiaters, Imago, London

Salamander, Rachel (1990): Die jüdische Welt von gestern. Christian Brandstätter, Wien

Salber, Linde (1990): Lou Andreas-Salomé. Rowohlt, Reinbek bei Hamburg

Salber, Wilhelm (1985): Anna Freud. Rowohlt, Reinbek bei Hamburg

Salber, Wilhelm (1999): Sigmund und Anna Freud. Duographie. Europäische Verlagsanstalt, Hamburg

Scheid, Jürgen vom (Hg.) (1987): Der unbekannte Freud. Neue Interpretationen seiner Träume. Fischer, Frankfurt/Main

Schneider, Peter (1999): Sigmund Freud. Deutscher Taschenbuch Verlag, München

Schorske, Carl E. (1994): Wien. Geist und Gesellschaft im Fin de siècle. Piper, München

Schütt, Ernst Christian (1991/1997): Chronik Hamburg. Chronik Verlag, Gütersloh – München

Schur, Max (1973): Sigmund Freud. Leben und Sterben. Suhrkamp, Frankfurt/Main

Sigmund-Freud-Gesellschaft (Hg.) (1975): Sigmund-Freud-Haus. Katalog. Löcker & Wögenstein, Wien

Steiner, Riccardo (2000): Die Zukunft als Nostalgie: Biographien von My-
then und Helden. Bermerkungen über Jones' Freud-Biographie. In:
Psyche 2/2000, S. 99–142 (Teil I) und 3/2000, S. 242–282 (Teil II)

Stephan, Inge (1992): Die Gründerinnen der Psychoanalyse. Eine Entmy-
thologisierung Sigmund Freuds in zwölf Frauenportraits. Kreuz, Stuttgart

Stephan, Inge/Winter, Hans-Gerd (1992): Heil über dir, Hammonia. Hamburg im 19. Jahrhundert. Kultur, Geschichte und Politik. Dölling &
Galitz, Hamburg

Theweleit, Klaus (1990): Objektwahl: (all you need is love); über Paarbil-
dungsstrategien & Bruchstück einer Freud-Biographie. Stroemfeld,
Basel – Frankfurt/Main

Tögel, Christfried (1996): Freuds Wien. Eine biographische Skizze nach
Schauplätzen. Turia+Kant, Wien

Urban, Bernd (Hg.) (1991): Thomas Mann, Freud und die Psychoanalyse.
Reden, Briefe, Notizen, Betrachtungen. Fischer, Frankfurt/Main

Weber, Dagmar (1997): Freud lebt. Kulturpsychologische Untersuchung
zum Verständnis Freudscher Begriffe im Alltag der Gegenwart. Snay-
der, Paderborn

Wolf-Cohen, Elisabeth (1995): Jüdische Küche. Könemann, Köln

Wolfsmann (1972): Der Wolfsmann. (siehe: Gardiner, Muriel)

Wollheim, Richard (1972): Sigmund Freud. Deutscher Taschenbuch Verlag,
München

Yalom, Irving D. (1994): Und Nietzsche weinte. Kabel, Hamburg (Roman)

Young-Bruehl, Elisabeth (1994): Anna Freud. A Biography. Norton, New
York – London

NICHT-PRINTMEDIEN:

Freud Museum London (Ausstellung, Bibliothek, Home movie) Internet:
http://www. freud.org.uk

Freud Museum, Wien (Ausstellung, Home movie) Internet: http://freud.t0.or.at

Sigmund Freud. Die Erfindung der Psychoanalyse. TV-Dokumentation in
zwei Teilen, 13./14. 10. 1998, 20.45 Uhr, ARTE

Eine Couch auf Reisen. TV-Dokumentation, 22. 9. 1999, 21.15 Uhr, ORF,
3sat

Der junge Freud. TV-Porträt, 22. 9. 1999, 22.25 Uhr, ORF, 3sat

Sigmund Freud. Archäologie des Unbewußten. CD-ROM zur Geschichte der
Psychoanalyse. 10/99,

Stadt Wien, Sigmund-Freud-Gesellschaft, World Council of Psychotherapy,
Nofrontiere, alle: Wien

Sigmund Freud. Konflikt und Kultur. Ausstellung im Aurum der Österreichischen Nationalbibliothek, Wien, 22. Oktober 1999 bis 2. April 2000.
Eine Ausstellung der Library of Congress, organisiert gemeinsam mit
dem Sigmund Freud Museum, Wien, und dem Freud Museum, London.
Begleitausstellung: Psychoanalyse in Bewegung. Sigmund Freud Museum, Wien

DANKSAGUNG

*Den Kennern der Familie Freud und der textbezogenen Sachgebiete,
die mir in Gesprächen oder brieflich bereitwillig ihre Eindrücke geschildert
bzw. mir ihr Wissen zur Verfügung gestellt haben, möchte ich für ihre
Unterstützung danken. Dr. W. Ernest Freud hat mir wiederholt seine Zeit
geschenkt und mir durch Hinweise und Empfehlungen mehr geholfen,
als ich zu hoffen wagte. Für ihre wertvollen Anregungen und die sorgfältige
Durchsicht des Manuskripts gebührt mein besonderer Dank Dr. Brigitte
Hilzensauer. Herrn Dr. Christian Brandstätter und seinem Verlag danke ich
besonders für die anspruchsvolle gestalterische Umsetzung und das
unterstützende Engagement in allen Phasen dieses Buchprojekts, Frau Mag.
Inge Scholz-Strasser und dem Sigmund Freud Museum, den Hotels Imperial
und Bristol sowie dem Café Landtmann für ihre freundliche Kooperation.*

ERLEBEN UND GENIESSEN
MIT ART CULT

AUSTRIA TABAK als Kultursponsor initiiert hochwertige Kulturveranstaltungen und garantiert deren niveauvolle Umsetzung. Das ART CULT-Sponsoringprogramm fördert nicht nur das Musikgeschehen aller Sparten, sondern auch Sprechtheater, Literatur, Kabarett, Entertainment und bildende Kunst.

Das Unternehmen zählt seit mehr als zwei Jahrzehnten zu den bedeutendsten Sponsoren Österreichs und darf stolz darauf sein, nach dem Grundsatz „mit ART CULT vom Kunstsponsoring zum Kultursponsoring" neue Wege beschritten zu haben. Da wir als erfolgreiches internationales Industrieunternehmen gesellschaftspolitische Verantwortung tragen, stellt das stetige Auseinandersetzen mit Kunst und Kultur einen wesentlichen Teil unserer Unternehmensphilosophie dar: Wir gehen davon aus, dass unternehmerische Zielsetzung, Privatinitiative und Kreativität einander ergänzen und erkennen eine wichtige Aufgabe darin, auf die geistige Entwicklung der Gesellschaft, auf ihre ästhetische Aufnahmebereitschaft und Selbsteinschätzung durch kulturelles Engagement positiv einzuwirken. Weil die Freiheit von Kunst und Kultur, weil Phantasie und Erfindungskraft nur in einem offenen kulturellen Klima existieren können, braucht die Wirtschaft Mut zur Erneuerung. Wir sehen Kunst als Bestandteil der Kultur. Da ihr seit Jahrhunderten auch der Rauchgenuss zuzurechnen ist, liegt uns viel daran, gerade die Genuss- und Erlebniskultur zu fördern.

Mit ART CULT genießt man Qualität.